コミュニケーション経済史の方法と展開

Yagawa Toshiaki
八川敏昭

論創社

コミュニケーション経済史の方法と展開　目次

コミュニケーション経済史の方法と展開

―凡　例―

1　引用文中の［　］内は本書著者の注記である。

2　「交通」概念構成表

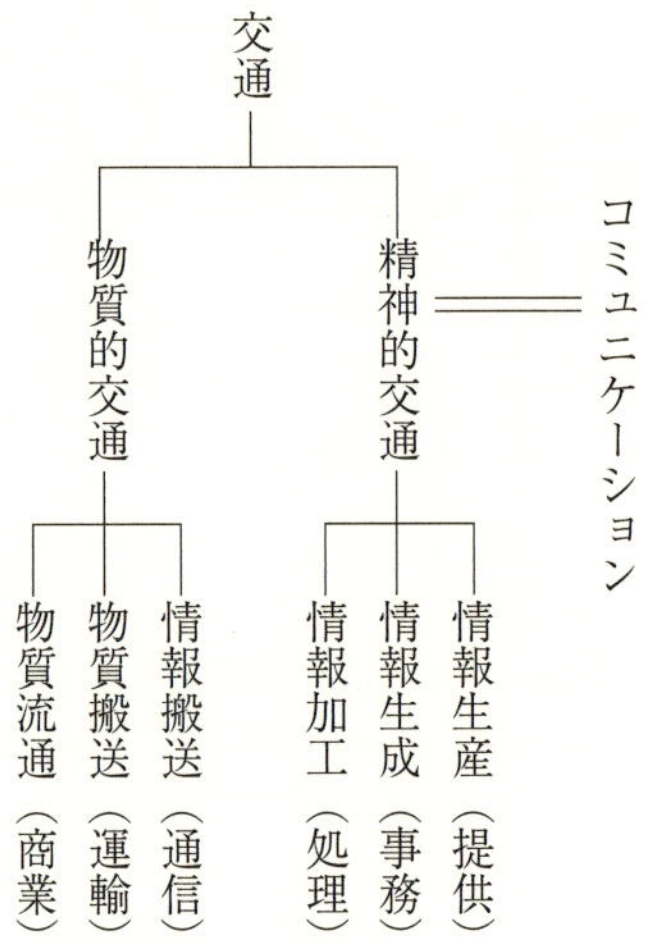

第Ⅰ部　コミュニケーション経済史の方法

第一章　コミュニケーション経済史の視角と方法

――コミュニケーションの生成と変化――

第一節　コミュニケーションの生成のための前提諸条件

人間相互の情報交換すなわちコミュニケーションが成立するためには、その前提として、コミュニケーションを行なう複数の個人が存在し、さらにそれら諸個人の間で共通した意味の了解がなされる、ということが想定されている。そして、諸個人の間で共通した意味の了解が想定されているのであれば、その前提として、それら諸個人は、何らかの共通した社会関係——共同組織Gemeinwesen——のもとに編制されていることになる。このように、コミュニケーションが成立するためには、その前提として共同組織が存在し、したがって、コミュニケーションは共同組織の産物である、ということができる[1]。

このように、コミュニケーションは何らかの「共同組織」のうちにその淵源（=存立基盤）を有するのであるが、それに対して、この共同組織がコミュニケーションを産みだす必然性（=実践的条件）は、共同組織における「協働」Zusammenwirkenにある。すなわち、自然的諸個人naturliche Individuenが彼ら自身の再生産にとって不可欠な物質的生活のための「生産行為」Produzieren（=自然の質量変換である「労働」Arbeit）を行なうとき、すでに彼ら（=労働主体としての自然的諸個人）は「自然的であるが故に……かならず何らかの形の〝共同組織〟に所属[2]」しており[3]、そのため、「社会的分業は〝共同組織〟として編制され、……外枠にはめこまれて」[4]いる。したがってそれら諸労働は、共同組織における「協働」であらざるをえないのであるが、まさにその「協働」における必要性のうちに、コミュニケーション（＝精神的交通）を産みだす「必然性」が生じることになる。すなわち、「人間はただ社会の内部でのみ自分たちの欲望をみたし……、生存するやいなやその最初からたがいに必要としあい、そしてただ交通をむすぶことによってのみ自分たちの欲望や能力などを発展させえた」[5]のであり、「労働の発達は必然的に社会の諸成員をたがいにいっそう緊密に結びつけることに寄与した。すなわち労働の発達によって相互の援助、共同でおこなう協働の機会はより頻繁になり、社会成員各個にとってのこのような協働の効用の意識はいよいよはっきりとしてきたからである。要するに、生成しつつあった人間は、たがいになにかを話し合わなければならないところまできたのである。」[6]そして、このようにして産みだされることになったコミュニケーションの基本的手段である言語は、「労働の対象への労働の働きかけを媒介し、それゆえあれこれの様式で活動の導体として役立つ」[7]ものだということができる。すなわち、「道具は労働者の活動をその労働対象に伝える伝導体の役をするものである。あたかも生産用具が、労働者とその労働対象とのあいだに、彼の活動の伝導体としてさしはさまれるように、そのように彼とその仲間の労働者とのあいだには、生産するのに不可欠な活動の相互交換をもたらすところの通信手段として、言語がさしはさまれる」[8]ことになる。それゆえ「言語が労働のなかから、また労働とともに生まれたとするこの説明が唯一の正しい説明」[9]なのである。[10]

このように、コミュニケーションの淵源は「共同組織」にあり、共同組織がコミュニケーションを産みだす必然性はその成員諸個人（＝労働諸主体）による「協働」にあるのであるが、それに対して個々の労働主体（＝個人）のコミュニケーション意識Bewusstseinの方は、個人の自発的意志によって生じるのではなく、コミュニケーションが成り立つためのこれら前提諸条件の成熟に促されつつ、自然成長的に生成してくる「他の人間との交通の欲望、その必要」性の意識、換言すれば「まわりの諸個人と結合すべき必然性の意識[11]」から生じるのである。[12] したがって、諸個人は「純粋な自我としてではなく、かれらの生産力と欲望との一定の発展段階における個人として交通［精神的交通＝コミュニケーション］をはじめ[13]」ることになる。そして、このような個人（＝共同組織成員）の「意識」が「他の人間にとっても存在し、したがってまた私自身にとってもはじめて存在する現実的な意識［実践的意識＝言語[14]］」となって他の諸成員にとっても共通するものとなることによって意味の了解＝コミュニケーションが成り立つことになる。

注——第一節

（1）たとえば、コミュニケーションの基本的手段である「言語」について。「個々人について明らかなのは、たとえば彼自身が、ある人間的共同体の生れながらの構成員としてのみ、彼自身のものである言語に関係するということである。個々人の所産としての言語は不可能《ウンディング》である。……言語自体は、一個の共同組織《ゲマインヴェーゼン》の生産物であり、また別の見方からすれば、それ自体共同組織の定在、しかも証明を要しないその定在である。」（カール・マルクス『資本主義的生産に先行する諸形態』手島正毅訳、国民文庫、一九六三年〔以下『先行諸形態』と略記〕三五頁、傍点原著者。なお、同訳書中の一部の用語については、本書で使用する用語との統一上、その訳語を変更して引用することがある。）

（2）大塚久雄『共同体の基礎理論』岩波書店、一九五五年〔以下『基礎理論』と略記〕一一頁、傍点原著者。

（3）たとえばつぎのようなマルクスの文言。「自然生的種族共同態、または原始群団〔Herdenwesen〕といったものが、人間の生活と、自己を再生産し対象化するその活動（人、狩猟者、農耕者等としての活動）との、客観的諸条件を領有する最初の前提……である。」（マルクス『先行諸形態』一〇頁、傍点原著者）。さらに、「生産行為」と「共同組織」と「コミュニケーション」との関係については、つぎの文言を参照のこと。「生きている個人にとって自然的生産条件の一つは、彼が一個の自然生的な社会、種族等に所属していることである。この所属は、すでにたとえばその人の言語等のための条件である。」（マルクス『先行諸形態』三八頁、傍点原著者）。

（4）大塚『基礎理論』七頁。

（5）マルクス＝エンゲルス『ドイツ・イデオロギー』古在由重訳、岩波文庫、一九五六年、二四四頁。

(6)フリードリヒ・エンゲルス「猿が人間化するにあたっての労働の役割」菅原仰訳『マルクス＝エンゲルス全集』第二〇巻、一九六八年、四八四～四八五頁、傍点原著者。
(7)カール・マルクス『資本論』資本論翻訳委員会訳、新日本出版社、一九八二年～一九八九年〔以下『資本論』と略記〕第一巻、三〇九頁。
(8)ジョージ・トムソン『最初の哲学者たち』出隆＝池田薫訳、岩波書店、一九五八年、三七頁。
(9)エンゲルス、前掲書、四八五頁。
(10)コミュニケーションの基本的手段である言語の成立する契機が人間による自発的な「意志」に発するのではなく、さりとてまた他者の「強力《ちから》」にあるのでもなく、「生産行為」(＝労働)を含む「行為」にのみ求められることは、陰鬱曖昧な気分のなかで聖書を開いて確かめたファウストが感得したことに違いない(ゲーテ『ファウスト』大山定一訳、世界文学大系一九、筑摩書房、一九六〇年、三二頁、傍点原著者)。
こう書いてある、「はじめに言葉ありき」と。
すでにここでおれはつかえてしまう。誰の助けをかりて先へすすめばいいだろう。
おれは言葉をそんなに高く評価することができぬ。
なんとか別《ほか》の訳し方を考えずばなるまい。
おれの心が霊の光に照らされているなら、うまくできるかもしれぬ。
こう書いてある、「はじめにこころありき」と。

軽率に筆を下さぬように、
第一行を慎重にしなければならぬ。
あらゆるものを創り出し、あらゆるものを生動させるのが意《こころ》だろうか。
むしろ、こう書いてあるはずだ、「はじめに力ありき」と。
しかし、紙の上にそれを書いているうちに、
どうやらそれも不完全なような気がしてくる。
霊のたすけだ！　おれはとっさに思いついて、
安心してこう書く、「はじめに行いありき」と。

(11) マルクス＝エンゲルス、前掲書、三八頁、傍点引用者。

(12) コミュニケーションは、このように、労働主体としての自然的諸個人の意識において、自然成長的に生成してくるのであるが、コミュニケーションのこの自然成長性という性格は、史的唯物論における認識論の一端を示すものである。この点については、八川「言語の起源と自然成長性」『信書の秘密——神話と聖書とコミュニケーション』論創社、二〇一五年〔以下『信書の秘密』と略記〕二～七頁を参照のこと。ただし、このコミュニケーションの自然成長性という性格は、後になって、いろいろな諸条件のもとに拭い取られることになる。たとえば、「言語の自然成長性は、近代のあらゆる発達した言語においては、一部はロマン語およびゲルマン語のばあいのように既存の材料から言語発展の歴史

によって廃棄され、一部はイギリス語におけるように諸国民の交雑と混合によって廃棄され、一部はまた経済的および政治的な集中にもとづいて一国民の内部における諸方言（Dialekte）が国語（Nationalsprache）に集中することによって廃棄されている。」（マルクス＝エンゲルス、前掲書、二一七頁）。

(13) マルクス＝エンゲルス、前掲書、二二三頁。

(14) マルクス＝エンゲルス、前掲書、三七～三八頁。

第二節　原始共同態におけるコミュニケーション形態

さて、このように、人間相互の情報交換すなわちコミュニケーションが生成するための前提諸条件を明らかにしたうえで、つぎには、コミュニケーションがいかなる形態をとって歴史的に展開されるのか、そしてまた、その展開を推し進める諸条件は何なのか、という歴史的変化が問題となる。

ところで、コミュニケーションの淵源である「共同組織」は、歴史上、まず「原始共同態」ursprüngliche Gemeinschaftとして出発する。この原始共同態は、きわめて原生的な原始群団から、比較的発達した種族共同態に至るまでのさまざまな形態を示しながらも、それらは純血族組織としての原始的集団性(1)（＝統一性）を有する、という点で共通した特徴をもっていた。

一方、共同組織（＝原始共同態）がコミュニケーションを産みだす必然性である「協働」は、原始共同態のこの原始的集団性に照応して「共同労働」的様式のもとにあった。そのため、原始共同態における生産力の性格は、共同労働に基づく「集団的生産力」[2]的な性格をもち、個別労働 le travail parcellaire[3] にもとづく「個人的生産力」的な性格は希薄であった。そして、原始共同態における生産力は、この「集団的生産力」的な性格に規定されてきわめて低位な水準のままにおかれ、「生産諸力の分化」[4]としての「社会的分業」は未分化な状態であった。こうして原始共同態におけるコミュニケーション形態は、コミュニケーションの範囲が共同組織のなかに限定されるだけでなく、原始共同態における共同労働的協働様式（＝社会的分業の未分化）に照応し、共同組織のうちで社会的分業体系の一分枝としてのコミュニケーション労働に従事する成員はいまだ存在していなかった。

またそれだけでなく、原始共同態の端緒では、個々の労働主体の「意識」においてさえ、精神的労働としてのコミュニケーション労働は、いまだ物質的労働と不可分に結びつき、単なる「現実的生活の表明（Äusserungen）[5]」として物質的労働のうちに埋もれていた。したがって、原始共同態における人間（＝労働諸主体）が、先史オーリニャック文化期の洞窟壁画やアルタミラの見事な「芸術作品」を作り上げることになった動機も、彼らの「美意識の表明」意欲にあったのではなく、そうした美意識自体、原始共同態の端緒においては、物質的労働（＝自然の質量変換）のうちに渾然一体となって埋めこまれ、明確な「意識」となって現出したものではなかったのである。[6] なぜなら、原始共同態の端緒におけるこのような「観念、表象、意識の生産はまず第一に人間の物質的活動および物質的交通のうちに……直接におりこまれ……人間の表象作用、思考作用、精神的交通はここではまだかれらの物質的行動の直接の流出としてあらわれる」[7] にすぎなかったからである。そして、歴史の黎明期における労働諸主体のこのような溶融したコミュニケーション意識については、ゴードン・チャイルドが活き活きとした表情を伝えている。[8]

「芸術家は空白な壁をひっかく。すると、見よ、前に何もなかったところに、野牛がいるではないか……芸術家が暗い洞窟の中で野牛を描いたのと同じ確かさで、外の草原には、彼の仲間が殺して食う生きた野牛がいることであろう。成功を確保するため、芸術家は時として（しかし、稀に）そうなって欲しいと思うように、投げた槍で貫かれた野牛を描いた。」

注——第二節

（1）ここで「原始的」と呼ぶ意味は、「人間が自己の歴史的な生活過程のうちで自ら作り出したものではなく、むしろ伏能的に自然から与えられたままのものである」（大塚『基礎理論』一八頁）ということである。

（2）大塚久雄「共同体解体の基礎的諸条件」『大塚久雄著作集』第七巻、岩波書店、一九六九年〔以下「諸条件」と略記〕一一四、一一九頁。

（3）マルクス「ヴェラ・ザスーリッチへの手紙」『先行諸形態』一二四頁。
（4）大塚『基礎理論』四四頁。
（5）マルクス＝エンゲルス、前掲書、二二七頁、傍点原著者。
（6）「もしわれわれがオーリニャック文化期の狩猟者たちの生活様式を一つの有機的統一体としてながめなければならないのに、その文化を、芸術、宗教、科学、または迷信などに分類して考えるならば、洞窟絵画や小さな立像などと正面から取組むことにはならない。また、もし彼らがただなぐさみに、自分の住む洞窟の壁に絵を描いただけだと考えれば、われわれはその意味を解く手がかりをもつことができない。」（ランスロット・ホグベン『コミュニケーションの歴史』壽岳＝林＝平田＝南共訳、岩波現代叢書、一九五八年、一一頁）。
（7）マルクス＝エンゲルス、前掲書、三一頁、傍点引用者。なお、大塚久雄は、マルクスのこの「物質的交通」という用語を念頭におきながら、新たに「経済的交通」という用語を使用している。彼によれば、「経済的交通」とは、「社会をなして生産する諸個人のあいだでおこなわれる、Güter 移転の関係」をさすのであり、「商品流通（したがって商業）もそのうちに包含されるが、商品流通の形をとらない自然経済的な交換関係も、その他の Güter 移転の関係も、すべてその中に含まれる」ものとされている（大塚「諸条件」一二七〜一二八頁、傍点原著者）。
（8）Vere Gordon Child, "*Man makes himself*", London, Watts, 1941, The Thinker's Library.

（ホグベン、前掲書、一三頁）。チャイルドのこの記述は、絵画などの映像芸術の淵源が、本来の意味での「労働」（＝自然の質量変換）にあることを示している。すなわち絵画の淵源を、ここでは「自然」として存在する「空白な壁」に、人間が、自身の想像力を介して「映像」を描き（＝生産行為）、それによって自然に手を加えること（＝労働）に求めることができる。そしてまた、このように人間の想像力を介してはじめて成り立つような労働が「精神的労働」と呼ばれるものである。さらに、この段階における原始共同態の労働諸主体が、この「精神的労働」の萌芽を通して自然に対して立ち向かっていたという事実は、労働諸主体の「意識」の一定の進歩を前提としてはじめて言うことができる。すなわち、意識は「最初はたんに身ぢかな感性的環境についての意識にすぎず、また意識的になりつつある個人のそとにある他の人物および事物とのかぎられたつながりの意識」にすぎないのであり、それは自然についての意識として現われる。このように意識は、まず、その原初的な対象として「自然」を捉えるが、しかし当初は、人間のこの自然意識が、「まったくよそよそしい全能かつ不可侵な力」となって、人間を「禽獣のように……威圧」する。したがって、自然についての人間（＝労働諸主体）のこの意識は、すなわちまた「自然についての純粋に動物的な意識」でもあるが、このような意識の疎外が、歴史の黎明期における人間の自然意識を、まったく弱々しいものとして形作ることになる（マルクス＝エンゲルス、前掲書、三八頁、傍点原著者）。しかしそれに比較して、チャイルドのこの描写に現われる人間（＝労働諸主体）は、もはや単に自然によって「威圧」されているだけの「純粋に動物的」な段階を脱し、道具の使用を通して、雄々しく自然に立ち向かっているのである。だがそれにもかかわらず、原始共同態の端緒の労働諸主体に見られたこの「動物的な意識」は、やがてトーテミズム、アニミズム等々の原始的諸観念へと受け継がれ、次第に希薄化しながらもその後の歴史的変遷を掻い潜り、宗教等々という形をとってその残滓を燻らせている。

第三節　コミュニケーション形態の変化のための前提諸条件

こうして、原始共同態におけるコミュニケーション形態は、コミュニケーションの淵源（＝存立基盤）である「共同組織」（＝原始共同態）とコミュニケーションを産みだす必然性である「協働」（＝共同労働）によって規定され、なお深く物質的労働のうちに包みこまれたままにおかれていたが、原始共同態におけるコミュニケーション形態が、ようやく独自の様相を見せる「基軸」となるものは、次第に発展してゆく生産諸力の動態である。すなわち、原始共同態の内部から成熟しはじめた生産諸力の発展が、やがて原始共同態的「共同組織」（＝生産諸関係[1]）のうちに包摂しきれぬほどの水準に達すると、それに照応して原始共同態とはまったく異なる新しい共同組織（＝農業共同体）が出現する。そしてさらには、その新しい共同組織に照応して新しいコミュニケーション（＝精神的交通）形態が出現してくることになる。[2]

さて、原始共同態の内部から成熟しはじめて共同組織を変化させ、それに照応してコミュニケーション形態をも変化させる基軸である生産諸力の発展とは、具体的には社会的分業の展開である。なぜなら、「どの程度まで一国民の生産力が発展しているかは、分業が発展している程度によってもっとも明白にしめされる。どんなあたらしい生産力でも、これがいままですでに知られた生産力のたんに量的な拡張（たとえば所有地の開墾）でないかぎり、分業のあたらしい発達を結果としてともなう[3]」からである。

ところでこの分業は、「もともとは性行為における分業にほかならず、つぎには自然的な素質（たとえば体力）、欲望、偶然などなどによってひとりでに、すなわち『自然成長的』(naturwüchsige) にできあがる[4]」ものであったが、その後、生産諸力の発展に照応して、原始共同態における協働様式が「共同労働」的様式から「個別労働」的様式へと変化するのにしたがい、分業の形態は次第に「社会的分業」（＝「分業に基づく社会的協働[5]」）へと変化する。すなわち、原始共同態の「その初期には集団それ自体が基本的な生産力として現われるのであるが、……その内部における生産力のいっそうの発展は、いまや何よりも〝分業〟の展開として、すなわち個人的な生産諸力の新たな形成と拡充という形をとって進展する[6]」ところの「社会的分業」として現われる。

こうして、原始共同態におけるコミュニケーション形態を変化させる基軸である生産諸力の発展とは、具体的には社会的分業の展開、換言すれば個別労働的協働様式の拡充として現われるが、このような生産諸力の発展＝社会的分業の展開（＝個別労働的協働様式の拡充）に照応して新しい共同組織（＝生産諸関係）が出現し、その新しい共同組織に照応して新しいコミュニケーション（＝精神的交通）形態が出現してくることになる。[7]

注——第三節

（1）「共同組織」という言葉は、このように「生産諸関係」という用語で置きかえることができる。たとえばつぎの記述を参照のこと。「特定の形態の〝共同体〟を支える生産諸関係は、それに照応する独自な〝共同組織〟のうちに集約されている。」（大塚久雄「共同体内分業の存在形態とその展開の諸様相」『大塚久雄著作集』第七巻、岩波書店、一九六九年、一三七頁）。

（2）「古い共同組織の維持は、それの基礎である諸条件の破壊をふくみ、その反対物に転化する。もし同一面積での生産性がたとえば生産力の発展等によって増大しうることが考えられるとしても、それは労働の新しい様式、新しい結合、一日の大部分を農業につやすこと等々をふくむことであろうし、またそれとともに共同組織の古くからの経済的諸条件をも止揚することであろう。再生産の行為それ自体のなかでは、たとえば農村が都市となり、荒野が開かれた耕地となる等、客観的諸条件が変化するばかりでなく、生産者も、自分のなかから新しい資質を引き出し、生産によって自分自身を発展させ、改造し、新しい力や新しい観念を形成し、新しい交通様式、新しい欲望、また新しい言語をも形成して、みずからを変化させる。」（マルクス『先行諸形態』四二頁）。

（3）マルクス＝エンゲルス、前掲書、二五頁。

（4）マルクス＝エンゲルス、前掲書、二五頁。

（5）大塚「諸条件」一一八頁。

（6）大塚『基礎理論』二九頁、傍点原著者。

（7）（一）「桎梏となった前代の交通形態のかわりに、一層発展した生産力に――したがってまた諸個人の自己活動の一層進歩した方式に対応する一つのあたらしい交通形態があらわれ、今度はこれがまた桎梏となって、さらに他の交通形態にとってかわられる」。（マルクス＝エンゲルス、前掲書、一一〇頁、傍点引用者）。（二）なお、マルクス＝エンゲルスは、ここで使用している「交通形態」Verkehrsform という用語を、他の箇所では、のちの「生産関係」Produktionsverhältnis と同様の意味で用いている。すなわち、「歴史上のあらゆる衝突は、……生産力と交通形態とのあいだの矛盾のうちにその根源をもっている」（マルクス＝エンゲルス、前掲書、一一二頁）と。

第四節　社会的分業の展開とコミュニケーション形態の変化

第一項　社会的分業の展開

さて、このようにコミュニケーション形態が変化するための前提諸条件を明らかにしたうえで、つぎには、コミュニケーション形態を変化させる基軸である社会的分業が、どのような歴史的展開形態（＝協働様式）をとることになるのか、ということが問題となる。

① 精神的労働の分化

コミュニケーション（＝精神的交通）形態を変化させる基軸である社会的分業の展開形態（＝協働様式）としてまず始めに挙げられる局面は、原始共同態においてそれまで物質的労働と不可分に結びついていた精神的労働が物質的労働から分化＝発展するということである。[1] その結果、精神的交通労働としてのコミュニケーション労働は自立するための「現実的基礎」（＝発端条件）をえることになる。

② 手工業の分化

コミュニケーション（＝精神的交通）形態を変化させる基軸である社会的分業の展開形態（＝

協働様式）としてつぎに挙げられる局面は、それまで物質的労働（＝農業）と不可分に結びついていた手工業が物質的労働から分化＝発展するということである。(2) その結果、精神的交通労働としてのコミュニケーション労働は自立するための「物質的基礎」をえることになる。(3)

③ 交通労働の分化

コミュニケーション（＝精神的交通）形態を変化させる基軸である社会的分業の展開形態（＝協働様式）としてさらに挙げられる局面は、それまで物質的労働と不可分に結びついていた交通労働（＝物質的交通労働）が物質的労働から分化＝発展するということである。(4) その結果、精神的交通労働としてのコミュニケーション労働は自立するための「発展的基礎」をえることになる。

④ 精神的交通労働の分化

コミュニケーション（＝精神的交通）形態を変化させる基軸である社会的分業の展開形態（＝協働様式）として最後に挙げられる局面は、それまで物質的交通労働と不可分に結びついていた精神的交通労働が物質的交通労働から分化＝発展するということである。(5) その結果、精神的交通労働としてのコミュニケーション労働は自立するための「最終的基礎」をえることになる。

このように、コミュニケーション（＝精神的交通）形態を変化させる基軸である社会的分業の展開形態（＝協働様式）として、①精神的労働が物質的労働から、②手工業が物質的労働から、③交通労働（＝物質的交通労働）が物質的労働から、④精神的交通労働が物質的交通労働から分化＝発展することによって、精神的交通労働としてのコミュニケーション労働は自立するための「最終的基礎」をえることになる。

注——第四節第一項

（1）（一）この物質的労働と精神的労働との分化（＝分業）を産みだすものも、原始共同態のうちに自ずから生じてくる「自然成長的」分業である。すなわち、自然成長的「分業とともに、精神的活動と物質的活動が……別々な個人の仕事になる可能性、いな現実性があたえられる」ことになる。そして、物質的労働と精神的労働との分業が、原始共同態におけるそれまでの自然成長的分業と異なる点は、分業が、この「物質的労働と精神的労働との分割があらわれる瞬間から、はじめて現実的に分業となる」、すなわち、この「分割」によって、それまでの自然成長的分業が、個々の労働諸主体間における意識的な分業になる、ということにある。（マルクス＝エンゲルス、前掲書、三九～四〇頁、傍点引用者）。ただしその際、精神的労働は物質的労働から絶対的に分化したのではなく、あくまでも物質的労働を補完するものとして相対的に分化したにすぎなかった。（二）また、原始共同態という無階級の共同組織が、生産諸力の発展（＝社会的分業の展開）に照応して、階級関係を内包する新たな共同組織へと変化するのにともない、支配階級の内部においても物質的労働と精神的労働との分業が成立する。すなわち、「いままでの歴史の主要な力の一つとしてみいだしたところの分業は、いまやまた支配階級のなかにおいても精神的労働と物質的労働との分業としてあらわれる。」（マルクス＝エンゲルス、前掲書、六六〜六七頁）。なお、支配階級の内部におけるこのような分業の成立によって新たに産みだされた精神的労働の典型として「書記」労働がある。これについては、八川「書記」『信書の秘密』七七〜九三頁を参照のこと。

（2）「［手工業は］社会的分業の進展につれて〝農業〟からつぎつぎに分離し、さらに相互の分裂によってその種類がますます増大していく」。（大塚「諸条件」一二〇頁）。なお、このようなさまざまな手工業の発展は、それが社会的分業の展開（＝生産諸力の発展）過程の「主要な流れ」（大塚「諸条件」一一八頁）を成すものである、という点で重要性を有している。すなわち、「生産諸力の発展の主要方向は、大づかみにみて、〝農業〟のうちから種々な〝手工業〟が分離かつ独立し、そうした〝手工業〟がさらにさまざまに分裂をとげつつ、その種類がますます多岐となっていくというような姿での、社会的分業の進展として現われ」（大塚「諸条件」一二〇頁）てくるのである。また、手工業が物質的労働（主として農業）から分化＝発展したとはいうものの、この場合、手工業は「共同体」Gemeinde の崩壊に至るまで、多かれ少なかれ何らかの形で「村抱え」（デーミウルギー Demiurgie）として共同体（＝農業共同体）の内に埋没し、手工業は農業に従属していた、と言うことができる（マックス・ウェーバー『一般社会経済史要論』黒正巌・青山秀夫訳、上巻、岩波書店、一九五四年、二四二頁）。

（3）なお、手工業が物質的労働から分化＝発展するとともにコミュニケーション形態を変化させる基軸である社会的分業が複雑化し、それに照応してコミュニケーション形態も変化して複雑化する。

（4）「分業のそのつぎの拡大は生産と交通との分離であり、商人という特殊な階級の形成だった。」（マルクス＝エンゲルス、前掲書、七七頁）。

（5）つぎの「大航海時代」における史実は、精神的交通（＝情報生産）労働が物質的交通（＝物質流通）労働から分化＝発展するまでの過渡的な展開形態を如実に示している。すなわち、「もっとも正確な情報をキャッチしたのは商人たちであった。彼らは商売上の必要から、あらゆる手段によってできるだけ正しい情報を集め、じぶんたちの連絡網によって仲間にそれを伝えた。……そういう情報のうちのあるものは、ただちに印刷に付せられた。商人たちの中でも特に大きな連絡網を持っていたのは、ヴェルザーやフガーなどの大商人であった。……大商会の海外情報蒐集は、その後も続行されたが、今日『フガー家の報知』（Fugger-Zeitungen）という名で知られる、フガー商会、特にフィリップ・エドヴァルト・フガー（一五四七―一六一八）の手になるニュース文書集は、その中でももっとも有名である。……しかし『報知』成立の環境は、当時のコミュニケーションのあり方に関して、有益な光を投げかけてくれるので興味深い。すなわち、『報知』のニュース・ソースは三種類に分れ、フガー家の各地の代理人、手代の送ってきた知らせ、当時ドイツの商業都市で発行されていた大判、片面刷の新聞、それに一種のニュース・エージェンシーから提供された情報などがあった。最後のものはアウクスブルクのイェレミアス・クラッサー、イェレミアス・シフレが主宰する代理店が、一定の購読料を払った読者に、ニュースを編集、頒布したもので、中世末期から当時までに、ヨーロッパの遠距離貿易の発達により必要になった情報蒐集が専門の職業を生み出すほどの量と規模にまで拡大していたことを示している。片面刷の新聞類も、もっぱら商業上の需要に応じたもので、有力な商業都市では例外なく発行された。したがって、香料船の到着とか、新国土の発見などの事件は、必ずニュースレターで知らされた。」（増田義郎「文明のコミュニケーション史（2）西洋—大航海時代」講座『コミュニケーション2——コミュニケーション史』研究社、一九七三年、一四四〜一四五頁、傍点引用者）。

第二項　コミュニケーション形態の変化

さて、コミュニケーション形態を変化させる基軸である社会的分業の展開（＝生産諸力の発展）に照応して新しい共同組織（＝生産諸関係）が出現し、その新しい共同組織に照応して新しいコミュニケーション形態が出現する。したがって、コミュニケーション形態の発展（＝変化）の段階は、そのときの社会的分業の展開（＝生産諸力の発展）に照応する共同組織（＝生産諸関係）の性格が「指標」となって示されることになる。[1]

こうして、コミュニケーション形態を変化させる「基軸」となるものは「社会的分業」（＝生産諸力）の展開であり、その発展段階を示す「指標」となるものはその時代の「共同組織」（＝生産諸関係）の性格である。換言すれば、コミュニケーション形態の変化の基軸は「生産諸力」の発展であり、変化の指標は「生産諸関係」の性格である。

注——第四節第二項

（1）コミュニケーション形態の発展段階の指標である「生産諸関係」（＝共同組織）の性格は、一方では生産諸関係の「土台」Basis においてコミュニケーション労働を為すに必要な生産手段の所有諸関係として現われ、他方では「上部構造」Uberban においてイデオロギーとして現われる。

「支配階級の思想はどの時代にも支配的な思想である。すなわち、社会の支配的な物質的な力であるところの階級は、同時にその社会の支配的な精神的な力である。物質的生産の手段を左右する階級は、それと同時に精神的生産の手段を左右する。だから同時にまた、精神的生産の手段を欠いている人々の思想は、おおむねこの階級に服従していることになる。支配的な思想とは支配的な物質諸関係の観念的な表現、思想としてとらえられた支配的な物質的諸関係にほかならない。したがって、まさしくその一つの階級を支配階級にするところの諸関係の観念的な表現、すなわちこの階級の支配の思想にほかならない。」（マルクス＝エンゲルス、前掲書、六六頁、傍点引用者）。

第二章　資本主義的コミュニケーション形態

生産諸力と生産諸関係の歴史的結合の様式が生産様式Produktionsweiseである。したがって、ある時代の社会的分業（＝生産諸力）と共同組織（＝生産諸関係）は、その時代の生産様式に照応したものとなる。また、社会的分業の展開はコミュニケーション形態を変化させる基軸である。したがって、ある時代の生産様式におけるコミュニケーション形態は、その時代の社会的分業の展開形態、すなわち協働様式に照応したものとなる。(1) こうして、資本主義的生産様式におけるコミュニケーション形態は、資本主義的協働様式に照応したものとなる。

さて、資本主義的生産様式における諸労働は、共同体に従属した「村抱え」としての共同態的諸労働ではなく、共同体から自立して「互いに独立に営まれながら、しかも社会的分業の自然発生的な諸分枝として互いに全面的に依存し合っている私的諸労働」(2) である。そして、このような諸労働が、形式的にも実質的にも資本のもとに包摂Subsumitionされている資本主義的生産様式においては、(3) 諸労働相互間の社会的分業は、諸資本相互間の社会的分業という協働様式として立ち現われ、それゆえ、資本主義的生産様式におけるコミュニケーション形態は、諸資本相互間の社会的分業という協働様式に照応したものとなる。

一般に、諸資本相互間には空間距離が介在する。しかし、諸資本は、諸資本相互間の社会的分業の諸分枝としてコミュニケーションすなわち情報交換を行なわなければならず、そうするために、諸資本はまた、人格化された資本として相互に接触し、その情報を確認しあわなければならない。そして、そのためには、彼ら自身が直接的に空間移動を行なうか、あるいは、情報を表出して外在化し、彼らにかわって外在化されたその情報の空間移動を行なう何らかの情報搬送手段を諸資本相互間に介入させて間接的に諸資本の情報の空間移動を行なうかして、諸資本相互間に介在する空間距離を克服しなければならない。ここにおいて、後者の方法によって行なわれる間接的な情報の空間移動の形態が「通信」と呼ばれるものである。[4] そしてこの場合、外在化された情報の空間移動を行なうために諸資本相互間に介入させる情報搬送（＝通信）手段とは、基本的にはさまざまな物質搬送（＝運輸）手段である。

ところで、諸資本相互間に空間距離が介在する限り、資本の情報の空間移動には一定の時間が必要であり、資本主義的生産の発展（＝社会的分業の展開）にともなう諸資本相互間の空間距離の拡大——その究極の姿は世界市場である[5]——は、情報の空間移動の時間を延長する。また、資本主義的生産の発展にともなう資本の情報の「量」と「生起の頻度」（これも結局は「量」に還元される）の増大は[6]、資本が情報の空間移動を行なうまでの情報の積滞と待機時間を生じさせ、その結果、諸資本相互間における情報の空間移動の時間を延長する。

こうして、資本主義的生産の発展にともなう諸資本相互間の空間距離の拡大と、資本の情報の量の増大は、ともに諸資本相互間における情報の空間移動の時間を延長することになる。

さて、資本の情報の空間移動が、諸資本の再生産過程に組み込まれている限り[7]、情報の空間移動の時間の延長は、諸資本における資本の回転時間を延長する。だから、諸資本が、剰余価値の総量と利潤率とを高めるために資本の回転時間を短縮しようとするときには[8]、情報の空間移動の時間を短縮することが必要となる。そして、そのためには、それを阻んでいるふたつの条件、すなわち、諸資本相互間の空間距離の拡大と、資本の情報の量の増大とを克服することが必要である。

ここにおいて情報の空間移動の時間を短縮するには、情報の空間移動を行なうために諸資本相互間に介入させる物質搬送（＝運輸）手段を変革することが必要となる。言いかえれば、変革された物質搬送手段は、資本主義的生産の発展にともなう諸資本相互間の空間距離の拡大と、資本の情報の量の増大とを克服できるものでなければならない。

このような物質搬送手段の変革のうち、まず、諸資本相互間の空間距離の拡大を克服する方法は、物質搬送手段の速度の増加という「時間による空間の廃棄」（マルクス『経済学批判要綱』）である。[9] ついで、資本の情報の量の増大を克服する方法は、資本が情報の空間移動を行なうまでの情報の積滞と待機時間を解消するための物質搬送手段の「積載量」と「機能頻度」の増大である。[10]

ところが、このような物質搬送手段の変革にもかかわらず、情報の空間移動の絶対的時間は短縮されるが、空間距離の長さに応じた相対的時間［時間差］は短縮されない。[11]

しかし、情報搬送（＝通信）手段のひとつの変革が、このような情報の空間移動の相対的時間を短縮することに成功した。電気通信の出現である。[12] そして、電気通信の出現による情報の空間移動の相対的時間の短縮は、資本の回転時間を短縮し、諸資本の剰余価値の総量と利潤率とを高めることに貢献する。[13]

だが、それにもかかわらず、資本主義的生産の発展と、それに照応する社会的分業の展開により、諸資本相互間における情報の空間移動、すなわち通信が、特定の諸資本相互間だけでなく、不特定多数の諸資本相互間でも行なわれ、それが、資本の情報の「量」と「生起の頻度」の増大を引き起こす。[14] そしてこのことが、やはり、諸資本相互間におる情報の空間移動の時間と、諸資本における資本の回転時間を延長し、その結果、諸資本の剰余価値の総量と利潤率とが低下する。[15]

そのため諸資本は、各個別資本の内部にある情報搬送労働を外部化し、その労働が諸資本全体で集積すると、[16] ここに、社会的分業の一分枝として情報搬送を行なう新たな資本、すなわち通信業が登場する。[17]

こうして通信業は、特定の諸資本相互間だけでなく、不特定多数の諸資本相互間の通信（＝情報搬送）を行なうことになり、ここに通信業は、private carrierではなくcommon carrierとして現われる。[18]

注——第二章

（1）「生産様式の性格のうちに生産様式に照応する交易様式［Verkehrweise］の基礎を見る……。」（マルクス『資本論』第二巻、一八三頁）。

（2）マルクス『資本論』第一巻、一二八頁（傍点引用者）。
（3）マルクス『直接的生産過程の諸結果』岡崎次郎訳、国民文庫、一九七〇年、七九頁～一〇九頁。
（4）「人間の思想や感情の表示及び情報の告知が人から人へ伝達される方法には、直接的な感覚による場合（身振りや話しかけ）と、この表示または告知の手段たる言葉または文字その他の視覚表象が何らかの物的手段の媒介を経て伝達される場合とがある。後者は社会生活の時間的空間的隔絶によって必要ならしめられる。通信とは、かような間接的伝達が空間距離の克服の形態をもって行われる機構である。」（富永祐治「通信」大阪市立大学経済研究所編『増訂・経済学小辞典』岩波書店、一九五六年）。
（5）「世界市場は、それ自身が資本主義的生産様式の基盤を形成する。他方では、つねにより大きな規模で生産しようとするこの生産様式の内在的必然性は、世界市場の恒常的拡大をめざす……。」（マルクス『資本論』第三巻、五六二頁）。
（6）「生産規模が拡大されるのに比例して、産業資本の流通のために恒常的に行なわれなければならない商業的諸操作が増加する……。価格計算、帳簿、出納、通信は、すべてこれに属する。」（マルクス『資本論』第三巻、五〇六頁）。
（7）「われわれがここで考察する費用は……計算、簿記、市場取引、通信などに帰着する。……それは直接的生産過程にははいり込まないが、流通過程にははいり込み、それゆえ再生産の総過程にはいり込む。」（マルクス『資本論』第三巻、四九〇頁）。
（8）「総産業資本の総回転数が大きければ大きいほど、利潤総量は、年々生産される剰余価値の総量は、それゆえ……利潤率はそれだけ大きい。」（マルクス『資本論』第三巻、五二三頁）。
（9）「交通の改善は、［生産時間とともに資本の回転時間を構成する］流通時間を短縮するための主要な手段である。そしてこの点では、最近の五〇年間に一つの革命がもたらされたのであり、これに匹敵できるのは、前世紀の後半の産業革命だけである。陸上では、［馬車輸送に適した］マカダム式道路が鉄道によって、海上では、遅くて不規則な帆船が遠くて規則的な汽船航路によって、後景にしりぞけられた。」（マルクス『資本論』第三巻、一一二頁、エンゲルス執筆部分）。
（10）「輸送諸手段の発達と同時に、空間移動の速度が速められ、それによって空間的距離が時間的に短縮されるだけではない。交通諸手段の総量が増加し、その結果、たとえば、多数の船舶が同時に同じ港へ向かって出航したり、同じ二点間を結ぶべつべつの鉄道路線を何本もの列車が同時に走ったりするだけでなく、またたとえば、同じ週に日を異にしてつぎつぎに貨物船がリヴァプールからニューヨークに向かい、あるいは同じ日に時刻を異にして何本もの貨物列車がマンチェスターからロンドンに通うことにもなる。」（マルクス『資本論』第二巻、三九四頁）。
（11）「交通・運輸手段の改良は、商品の移動期間を絶対的には短縮するが、……商品のこの移動から生じる相対的な差異を解消しはしない。たとえば、改良された帆船や汽船は旅［空間移動の時間］を短縮し、近くの港への旅の場合も遠くの港への旅の場合も同様に短縮する。相対的な差異は、多くの場合減少はされるが、やはり残る。」（マルクス『資本論』第二巻、三九四頁）。

(12)「電気通信手段によって空間的距離は時間的には零に帰せしめられ、伝達は即刻となった。これこそ通信技術の革命であって、その社会生活の全領域に対する意義は測り知れない。」（富永、前掲論文）。

(13)「地球全体に電信線がはりめぐらされる。……世界貿易全体の回転時間も……短縮され、これに参加する資本の活動能力は二倍ないし三倍以上も高められた。これが利潤率に影響せずにすまなかったことは自明である。」（マルクス『資本論』第三巻、一二二頁、エンゲルス執筆部分）。

(14)「一〇人の小商人と通信するには、一人の大商人と通信するのに比べて一〇倍だけの通信、紙、郵便料金が必要とされる。……そうなるのは、同じ機能は——大規模に行なわれようと、小規模に行なわれようと——等しい労働時間を必要とする……からである。」（マルクス『資本論』第三巻、四九九〜五〇〇頁、傍点原著者）。

(15)「生産規模が発展すればするほど……産業資本の商人的諸操作……がますます増大する。このため本来の事務所を形成する商業賃労働者たちの使用が必要となる。彼らのための支出は……利潤率を低下させる。なぜなら、前貸資本は増大するが、剰余価値は増大しないからである。」（マルクス『資本論』第三巻、五〇六〜五〇七頁）。

(16)「産業資本家階級全体によって流通費の形態で使用しなければならない資本部分が、個々の商人［ここでは通信業者］……の手に集中している……。」（マルクス『資本論』第三巻、五一〇頁）。

(17)「生産の規模が大きくなればなるほど……それだけ事務所費が［したがって通信費も］、相対的ではないにしても、絶対的に増大し、一種の分業への誘引となる。」（マルクス『資本論』第三巻、五〇七頁）。

(18)「それは特殊な生産過程の内部に包摂されたものとしてではなく、それをたんに一部ずつだけ消費するような、特殊な諸資本のそうした諸生産過程の大量を結合する血管として現れる。」（マルクス『経済学批判要綱』〔第三分冊〕高木幸二郎監訳、大月書店、六七六頁）。

第Ⅱ部　コミュニケーション経済史の展開

第一章　情報通信業

第Ⅱ部では、第Ⅰ部で提示したコミュニケーション経済史の「方法」に基づき、コミュニケーション経済史の「展開」として、「情報通信業」と「放送業」のふたつの業種を事例として取りあげて検討する。

第一章では「情報通信業」について、その対象を日本に絞り、「情報通信業」が生成（出現）して展開（成立）する一九七五（昭和五〇）年頃までを検討する。第二章では「放送業」について、その対象を放送業の先発国であるアメリカとイギリスに絞り、「放送業」が生成（出現）して展開（成立）する一九二〇年代後半までを検討する。そして、これらふたつの業種を事例として検討することにより、他の関連する諸業種をも検討対象としうる展望を与えることになる。

第一節　情報搬送業の生成と展開

資本主義的生産様式におけるコミュニケーション形態は、諸資本相互間の社会的分業という資本主義的協働様式に照応して現われる。情報通信業は、この資本主義的協働様式に照応し、資本主義的生産様式におけるコミュニケーション形態の展開形態として現われた。

さて、「情報通信業」は、電気通信を生産手段とする「情報搬送（通信）業」（＝物質的交通業）であるとともに、電子計算機を生産手段とする「情報加工（情報処理）業」（＝精神的交通業）でもある、というふたつの側面をもち、その点において、情報通信業は通信業の「現代的」

形態である。本章の目的は、通信業の現代的形態であるこの情報通信業が、社会的分業（＝協働様式）の展開に照応して生成＝展開する過程を、先進資本主義諸国（西欧）と対比しながら、わが国について検討することである。

そこで、わが国における情報通信業の生成＝展開過程を検討するに先立ち、まず、情報通信業のふたつの側面、すなわち情報搬送（通信）業と情報加工（情報処理）業の生成＝展開過程を各々別個にたどり、つぎに、このふたつの業の接合物である情報通信業の生成＝展開過程について検討することにする。

第一項　西欧における情報搬送業の生成と展開

① 西欧における情報搬送業の生成

情報搬送業は物質的交通業の展開形態のひとつである。西欧において物質的交通業は、はじめ物質的生産業（農・工業）producerと物質流通業（商業）merchantと物質搬送業（運送業）carrierとが結合したproducer-merchant-carrierという形態をとって出発し[1]、その後、物質的交通業は、物質流通業と物質搬送業とが結合したmerchant-carrierとして、producer-merchant-carrierから分化した[2]。そして、その後の生産諸力の発展（＝社会的分業の展開）に照応し、物質搬送業carrierはmerchant-carrierから分化し[3]、ついには情報搬送業（通信業）が、それまで結合していた物質搬送業（運送業）から分化＝生成することになる。

② 西欧における情報搬送業の展開

生産諸力の発展に照応して物質的交通形態も変化する。[4] それゆえ、「工業と農業の生産方法における変革［産業革命］は、とくに、社会的生産過程の一般的諸条件、すなわち運輸・通信手段［物質的交通形態］における変革［交通革命］をも必要とした。[5]」すなわち、「資本主義が古典的に発展した国では、産業革命による生産力の発展は、旧来の輸送及び通信手段［物質的交通形態］を自己矛盾として受けとるようになり、やがてこの社会的生産の一般的条件［物質的交通形態］における革命［交通革命］をも必然ならしめた[6]」のである。[7] こうして、西欧の資本主義的生産様式においては、産業革命が交通革命に先行して発展＝展開してゆくことになる。[8]

注――第一節第一項

（1）「経済者の職能未分化の時代においては、交通用役の自己生産者すなわち private-carrier は同時に生産者であり（producer-carrier）……或いは同時に商人である（merchant-carrier）。」（富永祐治『交通における資本主義の発展――日本交通業の近代化過程』岩波書店、一九五三年、一頁）。たとえば、「農民なり漁民なりが恐らく日帰りの程度の狭い地域にその余剰生産物を売り歩く producer-merchant-carrier」（富永、同書、二頁）という形態がその典型である。

(2) 交通資本［carrier］は、海上において典型的に、まず商業資本［merchant］と癒着して成立した。ただしその際、carrier は merchant に従属するものであった。すなわち、交通 carrier は「商業資本［merchant］の機能発揮のための手段として――商人は運送が目的でなく、販売のために運送するのである――その本質が隠蔽される。生産物［交通用役］が自己消費せられて独自の流通過程を経過しないからである。」(富永、前掲書、一五頁)。なお、merchant-carrier の初期的形態は、つぎの記述でたくみに表現されている。すなわち「商人とは〝埃だらけの足〟pied poudreux つまり行商人と同義語だった……。」(増田、前掲論文一二七頁)。

(3)「交通の面からみた経済社会の近代化とは、交通用役の生産が独立した一つの社会的生産部門として行われる段階の社会的分業の謂い」であり、「交通資本［carrier］が産業資本として自立する意味である。これを生産形態の面からみれば、交通用役の自己生産＝消費から商品生産へ転化すること、交通業［物質搬送業］の独立」(富永、前掲書、三五二〜三五三、一五頁)ということである。

(4) 本書一八頁注(7)(一)。

(5) マルクス『資本論』第一巻、六六四頁。

(6) 富永、前掲書、三四四頁。

(7)「マニュファクチュア時代から継承された運輸・通信手段も、まもなく熱病的生産速度、膨大な規模、一つの生産部面から他の生産部面への大量の資本と労働者の絶え間ない投入、新しくつくり出された世界市場の連関、をともなう大工業にとっては、やがて耐えがたい束縛に転化した。それゆえ……運輸・通信制度は、川蒸気船、鉄道、大洋汽船、および電信体系によって、徐々に大工業の生産方法に適合された。」(マルクス『資本論』第一巻、六六四頁)。

(8) このことを、たとえばイギリスの郵便事業についてみると、つぎのようにいうことができる。すなわち、「郵便が、資本主義の祖国イギリスにおいて、産業革命の盛期を経た一八四〇年(天保十一年)に実施されたことは、近代郵便の性格を鮮明に規定している。」(郵政省篇『郵政百年史』逓信協会、一九七一年、六一頁)。

第二項　日本における情報搬送業の生成と展開

それでは、西欧におけるこのような①情報搬送業の分化＝生成過程と、②西欧の資本主義的生産様式における物質的交通形態の発展＝展開過程(＝交通革命)に対し、わが国においてはどのような経過をたどったか。

① 日本における情報搬送業の生成

まず、わが国の物質的交通業は、西欧と同じようにproducer-merchant-carrierという形態をとって出発し、その後、「中世になると生産［producer］から分離したmerchant-carrierとしての行商にとって代られ[1]」るというように、merchant-carrierとして、producer-merchant-carrierから分化した。しかし、その後、わが国の物質搬送業carrierはmerchant-carrierから分化しないで物質流通業merchantに従属し、carrierである情報搬送業は同じcarrierである物質搬送業に結合していたので[2]、それはまた物質流通業merchantに従属し[3]、幕末以前のわが国における情報搬送業はそれ自体独自に分化＝生成するには至らなかった。そして、わが国の情報搬送業が物質搬送業から分化するのは、明治二年（一八六九年）の電信事業開始と明治四年（一八七一年）の郵便事業開始からであった。その際、情報搬送業であるこの電信事業と郵便事業とは、わが国においてともに国家主導による官営形態で分化＝生成することになる。

（a）電信事業：わが国におけるこのような情報搬送業の分化＝生成過程を、まず電信事業についてみると、政府は、早くも明治元年一二月（一八六九年一月）に民営論をしりぞけて官営の方針を明示し[4]、明治二年八月に官用通信の取扱いを開始したのち、明治五年九月に電信事業官営の方針を廟議で正式に決定し[5]、明治七年九月に「日本帝国電信条例」でそれを法制化した[6]。

（b）郵便事業：わが国におけるこのような情報搬送業の分化＝生成過程を、つぎに郵便事業についてみると、政府は、明治四年一月（一八七一年三月）、太政官より「郵便創業の布告」発し、同年三月一日（一八七一年四月二〇日）に郵便事業を開始した。[7] そして、翌明治五年三月に郵便事業の官営独占の根拠となる「郵便条例」公布したのち、[8] 明治六年三月に太政官布告「郵便規則」で郵便事業官営の方針を決定し、[9] 同年五月一日に民間飛脚問屋による郵便物の搬送を全面禁止して、郵便事業の官営独占形態（＝政府専掌）が確立する。[10] こうして、わが国における郵便事業のこのような官営独占形態は、その後、時として多少の揺らぎをみせてはいるが、[11] その後もその基調をたもちつづけることになる。

② 日本における情報搬送業の展開

つぎに、「人・駄獣・軽車輌及び軽舟と帆船といった原動力を自然力に直接仰ぐところの、その限りにおいてはすべて原始的な交通手段[12]」を有するのみで、「産業資本成立への一般的条件の成熟を見つつも世界資本主義の進行から隔絶されていた幕末の日本が、開国によってその一端に繋がれることになった[13]」とき、「維新政府がおかれていた国内的及び国際的政治経済情勢は、諸交通機関近代化への編成替をその最緊急課題の一たらしめた。[14]」しかし、当時のわが国における「資本の蓄積は一般に未熟であり、資本動員の機構は未だ整備せられず、技術的にも経営的にも全く未知の近代的交通手段は投資的引力を国民に対してもたないとすれば、……［近代的交通手段の発展に対して］国家自らが積極的な態度に出ざるをえない[15]」のであるが、わが国においては、「後進資本主義国のいわば一つの特恵として、大工業の本格的な展開に先立って近代的交通手段が上から或いは外から与えられ、これが……市場的条件を予め準備した」[16]ことにより、西欧の資本主義的生産様式における物質的交通形態の変革過程とは異なり、交通革命は、国家主導により、産業革命に先行して開始され、それと並行して発展＝展開してゆくことになる。[17]

（a）電信事業：このようなわが国における物質的交通形態の発展＝展開過程（＝交通革命）の特殊性（＝国家主導による交通革命の先行性）を、情報搬送業のうち、まず電信事業についてみると、電信事業（＝情報搬送業）の情報搬送手段である電信機は、一八三七年にアメリカのモールスによって完成され、わが国へは一八五四年（安政元年）、アメリカのペリーによってもたらされた。[18]そのときペリーは横浜で約一マイル間に銅線を架設し、幕府の役人たちの前で電信を行なってみせ、使用した電信機を幕府に引き渡した。そしてその翌年、鹿児島藩主島津斉彬が松木弘庵（後の寺島宗則）らに命じ、蘭書によって電信機を製作させ、城内の本丸と二の丸間で電信の実験を試みたと言う。[19]その後、明治新政府は、産業革命に先行し、はやくも明治二年八月には横浜燈明台役所と横浜裁判所（＝県庁に相当する機関）とのあいだに電信線を架設して官用電信（電報）の取り扱いを開始し、さらに同年一二月（一八七〇年一月）には東京―横浜間の電信線が開通し、官用だけでなく公衆電信（電報）の取り扱いも開始した。わが国におけるこのような国家主導による電信事業（＝交通革命）の先行性を支えたのは、電信機の完成と伝来の経緯がしめすように、電信技術が、「後進資本主義国の一つの特恵として」産業革命に先行し、「上から或いは外から与えられ」たからであり、明治政府による電信事業の発展を支えたのもイギリス人を主とする外国人技術者(「お雇い外国人」)たちであった。[20]

(b)郵便事業：わが国における物質的交通形態の発展＝展開過程(＝交通革命)の特殊性(＝国家主導による交通革命の先行性)を、情報搬送業のうち、つぎに郵便事業についてみると、郵便事業(＝情報搬送業)の情報搬送手段を人力(人足継ぎ)と馬力(馬継ぎ)によった政府は、明治三年(一八七〇年)に郵便物の馬力(馬継ぎ)による搬送を廃止したが、[21]翌明治四年三月(一八七一年四月)に官営の「新式郵便」を発足させたのち、「郵便路線の延長と郵便物数の増加にともなって、運送手段[情報搬送手段]の改良が要請され運輸手段の進歩発展とともに、[人足継ぎから]人力車送・牛馬送・馬車送・鉄道輸送・船舶輸送などが採用され[22]」、とくに明治五年(一八七二年)五月七日の鉄道開通(品川―横浜間)とその後の鉄道網の拡充とともに、郵便物の鉄道輸送が伸長していった。

このように、わが国における物質的交通形態の発展＝展開過程(＝交通革命)は、国家主導により、産業革命に先行して開始され、それと並行して発展＝展開してゆくことになる。[23]

注――第一節第二項

(1) 富永、前掲書、一二頁。

（2）たとえば、江戸時代において専業的な情報搬送業者と思われがちな町飛脚（問屋）は、「厳密な意味の通信業者［情報搬送業者］でなく、同時に高価な少量商品の輸送者［物質搬送業者］でもあった。」（富永、前掲書、九頁）。すなわち、「飛脚問屋には手紙が託されただけでなく、小包や金銭も託された。」（石井寛治『情報・通信の社会史』有斐閣、一九九四年、一八頁）。

（3）「町飛脚のうち江戸と上方の間で営業した定飛脚問屋は本来の通信業者［情報搬送業者］乃至は運送業者［物質搬送業者］というよりも仲立人的な商業資本家［物質流通業者］であったらしい。」（富永、前掲書、九頁）。

（4）「しかしこの際の決定は、とりあえず東京―横浜間と、大阪―神戸間の路線を考慮したものにすぎず、全面的な政府専掌を意味するものではなかった。」（『郵政百年史』一一四頁）。なお、電信事業官営の方針は、つぎのような事情にも負っている。すなわち、「電信網の形成という課題は、当時の民間人が担うことは不可能であり、放置すれば外国の通信資本が国内に侵入しかねなかったため、政府が急遽担当することになった……。」（石井、前掲書、二〇四頁）。

（5）その際の説明に曰く。「西洋諸国にありては電信会社等の設けありて電線の敷設をなすものなきにあらずと雖も畢竟私設は政府の機密に関し不便なしとせず且各国交際上に関係を及ぼすこと尠なからざるを以て」云々。

（6）「日本政府電信寮ハ……日本帝国中ニ電報ヲ伝送シ及ビ受取リ取集メ届渡シ等一切ノ事務ヲ取扱フ専任ノ権ヲ有スル」。

（7）のちに四月二〇日は「逓信記念日」に制定された。

（8）郵便条例における郵便事業の官営独占の根拠はつぎのとおりである。「夫レ欧米ノ国民ノ如キハ素ヨリ政府ノ力ヲ借ラスシテ陸ニ鉄道ノ車ヲ転シ海ニ火輪ノ船ヲ浮ヘ物貨ノ運輸行旅ノ往来万里遠隔ノ土地ト雖トモ絶テ障碍アル事無ク之ヲ能ク掌ルノ知識アリト雖トモ現ニ利アルヲ見ルニアラサレハ業ヲ開クニ力ナク決シテ荒陬僻野迄二三ノ信書ヲ達スル能ハス果シテ之ヲ達セントセハ大ニ価ヲ増サヽルヘカラス何ソ均一ノ低価ヲ以テ遍ク遠近ニ達スルヲ得ン況ヤ海外郵便ノ如キハ甲ニ送ル一封ノ書モ乙丙丁ノ数国ヲ歴テ之ヲ達スルモノナレハ固ヨリ会社或ハ一商ノ能ク得テ弁スヘキ業ニアラス是レ独リ政府ノ当テ任スル所ニシテ乃チ其施設アル所以ナリ」（『郵便条例』前文）。

（9）ただし、郵便事業の官営については、当時、「賃銭を取って私人の信書を送達するなどといふ事は、飛脚屋輩の営業であるとして、賤視する観念があった……。」（前島密『郵便創業談』〔『郵政百年史』五七頁〕）。

（10）郵便事業の官営独占に際しては、飛脚の側からも強い抵抗がみられたが、新政府は、「時に封建制の残存物つまり権威主義を最大限に利用しながら」説得に当たり、結局、飛脚業者をして「陸運元会社なる独占運輸資本へ――上からの強制によってではあるが――

集中転化」（富永、前掲書、九頁）させたのち、あらためてこの「陸運元会社に、諸道の郵便取扱所へ交付する脚夫賃および切手売りさばき代金の集金ならびに金子入り書状の運送を取り扱わせ」（『郵政百年史』九三〜九四頁）ることにした。

(11) たとえば、郵便の官営独占（＝政府専掌）の原則は、第二次大戦終結時から新郵便法施行に至るわずかの間の混乱期にあって少しく動揺する。それについては、たとえば昭和二二年一一月一一日の衆議院逓信委員会におけるつぎのような興味ある応答を見よ。

「〈椎熊政府委員〉もともと郵便を国がやるということは営利事業でやるのではないのでございます。公共事業だと考えておるのです。……営利上に観点を置かずになるべく安い料金でやる、こういう考え方から来ておるのであります。……

〈千賀委員〉郵便料が安いということは、従前のわれわれの観念でさようであったのでありまして、……最近の郵便料は相当に高くなっておる。……私の郷里では飛脚屋というものが相当に起っておりまして、……小包で頼むよりも飛脚に頼んだ方が早く行くということで、相当に小荷物の運搬は飛脚屋がやっているのであります。従前はがきが三銭のころはもちろん飛脚屋に頼んでもできないし、考えもそこにいかなかったのでありましょうが、今日のようにはがきが五十銭ということになってくると、……それより安くやっても飛脚屋たちの営業にはなると思うのであります。そこで政府が独占する精神は、国民が個々にやるよりは安くつくから独占的にやるのだという思想からいっているのか、そのほかに、高くなっても、国民の方で安くやるというものであっても、ほかに何か思想の根拠があって、この郵便法で将来必ず独占でいこうとするのか、……それを伺いたい……。

〈椎熊政府委員〉ただいま……飛脚制度が実際に行われているということでありますが、これはたいへんなことで、郵便法上違法でございますので、断固として取締らなければならない。それが官業でやっているところの郵便料よりも安いということですが、安かろうが高かろうが、それは許されないのであります。しかも安いということばかりで国営にしているのではなくして、通信ということは非常に国民生活の上に重大なる影響を及ぼすものでありますし、秘密の厳守であるとか、あるいはこれを輸送する間の責任であるとかいうものは、個人の営業等に任しておいてはできない。公共の福祉をほんとうに確保するためには、やはり国家が責任をもっていくということが最もよい。」

(12) 富永、前掲書、三四四頁。
(13) 富永、前掲書、二〇五頁。
(14) 富永、前掲書、三五三頁。
(15) 富永、前掲書、三五三〜三五四頁。
(16) 富永、前掲書、三四四頁。「何らの技術的な準備段階をもたず最新の成果を採用し得ることが一般に後進国に与えられる特恵である。」(富永、同書、二〇五頁)。

(17) たとえば、交通革命のうち「先進国の産業革命では最後に出現した通信革命は、日本では産業革命の開始に先立って始まり、郵便・電信・電話三者が産業革命（私見では一八八六年から一九〇七年の時期）……に並行して普及した。」（石井、前掲書、二〇五頁）。

(18) ペリーはその前年の一八五三年にアメリカ大統領特使として、日本の開港をもとめて浦賀に来航し、翌一八五四年に再度来朝した。

(19) 『郵政百年史』一二二頁。

(20) 外国人電信技術者の従事者数は、一八六九年（明治二年）の一人にはじまり、以後次第に伸長し、一八七四年（明治七年）には三一人と頂点に達した。（『郵政百年史』一一六頁）。

(21) 「一八七〇年（明治三）三月以降、［予算と人的負担軽減のため］東海道の宿駅での馬継ぎが廃止され、人足継ぎに依らねばならなくなった……。」（石井、前掲書、四九頁）。

(22) 『郵政百年史』八四〜八五頁。

(23) ただし「社会的総資本の蓄積における交通資本の先駆性——これは単に日本だけでなく世界資本主義におくれて参加した国では多かれ少なかれ共通的である——は、産業資本の確立と共に漸次失われてゆく。」（富永、前掲書、三六五頁）。

第二節　情報処理業の生成と展開

第一項　情報処理業の生成

資本主義的生産様式におけるコミュニケーション形態は、諸資本相互間の社会的分業という協働様式に照応して現われる。そして、その社会的分業の進展とともに、個別諸資本に包摂されている諸労働間の分業、すなわち企業内分業という協働様式も進展し、[1]それに照応して新たなコミュニケーション形態が現われる。

そこで、資本主義的生産様式において新たなコミュニケーション形態が現われる前提となる個別諸資本の企業内分業について、産業革命前のマニュファクチャー（＝マニュファクチュア）的分業から見てゆこう。

まず、マニュファクチャーにおいて使用される生産要具は機械ではなく道具であり、「労働生産性の上昇にもとづく競争力の増大をもたらすものは、工場のばあいすぐれて機械組織であるのと異なり、マニュファクチャーのばあいには何よりもまず、労働自体の組織化であり、賃金労働者たちによってとりおこなわれるところの分業にもとづく協業である。[2]」また、マニュファクチャー的分業は諸個人の敏捷性・熟練度などの生理的（＝個性的）相違を促進するとともに、逆にまたそれらに依存する。そのため、マニュファクチャーにおける生産過程は労働者の主観的個性に適合させられ、生産過程に対する客観的（＝科学的）適用は不充分なままにおかれている。[3]さらに、マニュファクチャー的分業では「異なる諸作業が必要とする時間の長さは互いに等しくなく、それゆえ、等しい時間内に等しくない分量の部分生産物が供給される。したがって……いろいろな作業にたいし、それぞれ異なる比例数の労働者が使用されなければならない。[4]」それゆえ、マニュファクチャー的分業では「諸労働者間に一定の合理的な比例関係がうちたてられ……、諸工程間、たとえば織布と紡糸などのあいだに生じてくる発展の不均等は……そうした職場内での比例的均衡の成立をたえず妨げ、そのためにどうしても外側の小生産者たちを外業部として編制し、それで補充しなければならなかった。[5]」こうして「マニュファクチュアは、社会的生産をその全範囲においてとらえることもできず、またそれを深部において変革することもできなかった。マニュファクチュアは、都市手工業と農村家内工業との広範な基礎の上に、経済的作品としてそびえ立っていた。マニュファクチュア自身の狭い技術的基礎は、ある一定の発展度に達すると、それ自身によってつくり出された生産諸要素と矛盾するにいたった。[6]」その結果、マニュファクチャーは、その限界から、その後の産業革命にともなう大工業（＝生産要具として機械を使用する工場生産）によって克服されなければならなかった。

マニュファクチャーのこのような狭い技術的基礎を克服すべく現われた大工業において使用される生産要具は機械であり、その機械は、原動機、伝導機構、道具機（＝作業機）の三つの要素で構成されている。そして、これら三つの要素の史的展開は、まず道具機の改良からはじまり、ついで原動機が機械に接続されてひとつの原動機が多数の道具機（＝作業機）を同時に動かすことが可能となる。そして、このように同時可動的な道具機の数が増加するのに対応して原動機の力量が増大し、道具機と原動機とのあいだに大規模な伝導機構が差しはさまれる(7)。

ところで、機械を生産要具とする機械体系的工場がマニュファクチャー的作業場と区別さるべき特質は、単に生産要具が「道具」から「機械」に変化したことだけでなく、なによりもまず協働様式の変化、すなわち、マニュファクチャー的協働から機械体系的協働への変化のうちに求められる。

機械体系的協働への変化の第一段階は、ひとつの製品の生産過程全体をひとつの作業機が遂行するという、同種多数の機械による協業であり(8)、この場合、工場では諸作業機の「単純な協業」というマニュファクチャー以前の協働様式が再現する。ついで機械体系的協働への変化の第二段階は、ひとつの製品の生産過程の各工程を、種類は異なるがたがいに補足しあう部分作業機が遂行するという、異種多数の機械による協業であり、この場合、工場では「分業による協業」というマニュファクチャー的協働が再現する(9)。そして、工場における協働様式が、このように諸作業機の「単純な協業」から部分作業機の「分業による協業」へと進展すると、そこに「機械体系」が立ち現われる。さらに、この機械体系は、ひとつの自動的な原動機によって稼働する「自動装置」を経過したあと、作業機が人間の介添え以外のいかなる動力をも必要としなくなると「自動機械体系」へと発展し、その自動機械体系は、単に伝導機構の媒介によってひとつの中央自動装置からそれぞれの運動を受けとるにすぎない諸作業機の編制された体系となって、その完成された巨姿を現わすことになる。[10]

さて、前述のように、工場における協働様式が諸作業機の「単純な協業」というマニュファクチャー以前の協働様式から部分作業機の「分業による協業」というマニュファクチャー的協働様式へと進展すると、そこに機械体系が現われる。

ところで、機械体系における「分業による協業」がマニュファクチャーにおけるそれと異なる点は、マニュファクチャーにおける生産過程が労働者の個性に適合させられているのに対し、機械体系における労働者は生産過程に適合させられている、ということにある。したがって、マニュファクチャーにおける生産過程は主観的な協働に依存するのに対し、機械体系における生産過程は客観的な協働に依存し、そこに客観的な科学の適用が可能となる。[11] こうして、機械体系における生産過程は、客観化され表記化・数量化（＝計算可能化）されて標準化する。[12]

ところで、いかなる時代といえども「比較的大規模の直接に社会的または共同的な労働は、すべて多かれ少なかれ一つの指揮を必要とする」[13]のであるが、資本主義的生産様式における「指揮……というこの機能は、資本に従属する労働が協業的になるやいなや、資本の機能となる。この指揮機能は、資本の独特な機能として、独特な特性をもつようになる。[14]」すなわち、「資本家は、彼の資本が本来の資本主義的生産をはじめて開始するための最小限の大きさに達したときに、さしあたり、手の労働から解放されるのであるが、いまや彼は、個々の労働者および労働者群そのものを直接にかつ間断なく監督する機能を、ふたたび特殊な種類の賃労働者に譲り渡す。……監督の労働が、彼ら専有の機能に固定される。[15]」こうして、資本主義的生産様式における資本家の労働は、まず、資本家のもつ物質的労働と精神的労働から物質的労働を分離し、つぎに、資本家のもつ精神的労働における指揮・監督労働と経営労働から指揮・監督労働を分離する、というように展開する。さらに、大工業での大規模生産に要する資本の大量動員のための最も合理的な形態である株式会社制度の発展は、資本家から経営労働を分離して「資本と経営の分離」を進展させ、資本家から分離した経営者が登場する。[16]

そして、資本主義的生産様式において資本家のもつ精神的労働のうちで分離した指揮・監督労働には客観的な科学が適用されて表記化・数量化され、指揮・監督労働は単純労働化する。[17]さらに、資本家のもつ精神的労働のうちで分離した経営者の経営労働にも客観的な科学が適用されて表記化・数量化され、[18]経営者以外にも理解しうる「経営の事務化[19]」が進行し、経営者から経営事務労働（＝情報生成労働）が分離することになる。

このように、資本主義的生産様式において資本家から経営者が分離し、経営者から経営事務労働が分離し、それとともに企業内分業として旧来の事務労働とともに表記化・数量化（＝計算可能化）をになう経営事務労働（以下「事務労働」と総称）を行なう情報生成部門（以下「事務部門」と総称）が現われるが、企業内分業におけるこの事務部門は「官僚制」Bürokratie的協働様式で編制されてくることになる。[20]したがってこの官僚制的協働様式は、資本主義的生産様式にお

ける企業において、その機能をもっとも発揮することになる。(21)

ところで、このように資本主義的生産様式における企業内分業として現われた事務部門（＝情報生成部門）おいては、自らが生成した情報を自己消費するか、その情報を自らの手で生産過程へ搬送するため、生成された情報は独自の流通過程を形成せず、したがって事務部門は「情報生成」部門としては現われるが、「情報搬送」部門としては現われない。すなわちここでは、情報搬送（＝物質的交通）労働が情報生成（＝精神的交通）労働のうちに包含されているのである。

さて、資本主義的生産様式における企業の事務部門では、まずその事務労働に機械を適用することなく、「分業による協業」によって労働生産性を上昇させるというマニュファクチャー的様相を呈するが、(22)その後の労働生産性上昇への要請に対応して、事務労働においても機械を適用することが余儀なくされる。

企業の事務労働に対する機械の適用は、直接的生産過程におけるそれと同じように、さしあたりは生産過程の表記化・数量化をになう事務労働者を補助するタイプライター・計算機などの作業機において現われるが、生産過程の表記化・数量化が事務労働者の手を離れて機械に委ねられるためには、生産過程を客観的なものへと変換する手段である「表記化・数量化」の形態（表記形態）である「言語」（文字、数字、図表等）を、機械が解読できる表記形態である「機械語」machine languageへと置きかえることが必要となる。

すでに直接的生産過程において自動機械体系が適用され、諸作業機の作動が人間の直接的作業から機械体系の自己制御のもとへと移った際に産みだされていたこの「機械語」という観念は、[23]事務部門においては、ようやく一八八〇年代に至ってアメリカで、パンチ・カード・システム Punch (ed) Card System（PCS）として登場する。[24]しかし、その後の労働生産性上昇への要請に対応して、事務部門における自動機械体系の形態は、やがてPCSから電子計算機Computer（コンピューター）体系へと発展し、[25]ついに機械（=電子計算機）は、それ自身で解読した「機械語」の解釈を、再び「言語」（文字、数字、図表等）という表記形態へと還元して人間の前に投げ返すのである。[26]それと同時に、企業における事務部門（=情報生成部門）のうちに、「言語」を「機械語」へと変換し、あるいは「機械語」を「言語」へと還元するところの新しい労働である「情報処理」（=情報加工）労働が産みだされ、やがては企業内においてその情報処理労働の必要性が増大するのに対応して、情報処理（=情報加工）部門が事務（=情報生成）部門から分離することになる。

しかし、企業内における情報処理労働の必要性が、情報処理部門の拡充・強化をもってしても、[27]もはや企業内に包摂しきれぬほどの段階に達すると、そこに情報処理労働が企業から外部化（=分業化）される契機が内包される。さらにそのうえ、そこに「それ自体が資本にとっては高率の利潤の期待可能性がある魅力的な新産業分野である」[28]という条件があたえられると、ここにようやく、社会的分業の一分枝として「情報処理業」が成立することになる。[29]

注――第二節第一項

（1）このことを資本主義的生産様式におけるマニュファクチャー（＝マニュファクチュア）段階の企業内分業についてみると、「商品生産および商品流通は、資本主義的生産様式の一般的前提であるから、［企業内の］マニュファクチュア的分業は、すでに一定の発展程度にまで成熟した、社会の内部における分業を必要とする。」（マルクス『資本論』第一巻、六一四頁）。なお、企業内のマニュファクチャー的分業の進展は、翻って社会的分業の進展をも促進する。すなわち、「その反対に、マニュファクチュア的分業は、あの社会的分業に反作用し、これを発展させ、何倍にもする。労働諸用具の分化とともに、これらの用具を生産する職業がますます分化する。」（マルクス『資本論』第一巻、六一四頁）。

（2）大塚久雄『欧州経済史』岩波書店、一九七三年、一八頁。

（3）「マニュファクチュアにおける……作業は……依然として手工業的であり、それゆえ、個々の労働者が自分の用具を使用するさいの力、熟練、敏速さ、確実さに依存する。……この狭い技術的基盤は、生産過程の真に科学的な分割を排除する。というのは、生産物が通過するそれぞれの部分過程は、手工業的部分労働として遂行されるものでなければならないからである。」（マルクス『資本論』第一巻、五八九頁）。

（4）マルクス『資本論』第一巻、六〇一～六〇二頁。

（5）大塚『欧州経済史』一二〇頁。

(6)マルクス『資本論』第一巻、六四一頁。
(7)マルクス『資本論』第一巻、六四六〜六五五頁。
(8)たとえば「同じ作業用建物における多数の力織機の並列によって織物工場が……形成される」(マルクス『資本論』第一巻、六五六頁)ような場合である。
(9)マルクス『資本論』第一巻、六五七頁。
(10)マルクス『資本論』第一巻、六五九〜六六一頁。
(11)マルクス『資本論』第一巻、六五八・六六七頁。「各生産過程を……その構成諸要素に分解するという大工業の原理は、技術学(テクノロギー)というまったく近代的な科学をつくり出した。」(マルクス『資本論』第一巻、八三七頁)。
(12)「技術学は……人間の身体のあらゆる生産行為が必然的にそのなかで行なわれる少数の大きな基本的運動諸形態を発見し」(マルクス『資本論』第一巻、八三七頁)、機械体系における生産過程の標準化を進展させたが、アメリカのF・W・テイラーは、彼の「科学的管理法」において、この「基本的運動諸形態」を個別的労働過程に適用して「標準作業量」を設定し、生産過程の標準化をさらに押しすすめた。すなわち、彼のいう標準作業量は「一定の時間内に一流の労働者がはたしうる作業量の研究、あるいは一流の労働者の基本的な動作を分析して、その個々の動作についてのもっとも速い時間をはかり、それを組みあわすという方法を、つまり要素時間研究によって定められる。このばあい彼は不用な動作と有用な動作を区別し、その有用な動作が理想的に行なわれる形態を検討し、それに必要な時間もって標準とする。そのためには労働の分業をさらにすすめ、単純労働化するだけでなく、その労働を標準化・規格化する。」(岩尾裕純『企業・経営とは何か』岩波新書、一九六六年、一五九〜一六〇頁)。こうしてテイラーは、それまでの平均的な事務労働者の経験をまとめた主観的な「標準作業量」の体系を、最も有能な労働者のもつ力能を科学的に分析して作りあげた客観的な「標準作業量」の体系へと発展させ、生産過程の標準化をさらに押しすすめたのである。なお、レーニンは、この科学的管理法について、「科学の最新の成果と資本主義的搾取の洗練された野獣性をそなえたもの」と否定的に評価したが(『レーニン全集』第一八巻、六四頁)、その社会主義への適用についてはある程度肯定的に評価していた(同書、第二七巻、二六一頁)。

(13) マルクス『資本論』第一巻、五七五〜五七六頁。

(14) マルクス『資本論』第一巻、五七六頁。

(15) マルクス『資本論』第一巻、五七七〜五七八頁。「三〇年前には、自由に競争しつつある企業家たちが、『労働者』の筋肉労働の領域に属しない経営的労働の十分の九をおこなっていた。ところが今日では、事務員たちがこのような経営的頭脳労働の十分の九をおこなっている。」(レーニン『帝国主義論』宇高基輔訳、岩波文庫、一九五六年、六六〜六七頁、傍点原著者)。

(16)「資本所有者と管理者が分離する傾向は、株式会社の成立とともにいっそうつよまってくる。……その発展とともに……大資本家を補佐するたんなる管理者、つまり資本を全く所有しないで、たんに管理業務を行なう特殊な賃金労働者が、資本家が行なわねばならぬすべての仕事を処理するようになってくる。」(岩尾、前掲書、一〇八頁)。

(17)「監督労働の大部分が専門化し、単純化し、規格化された。監督労働は機械的なものになり、単純労働者におきかえることができるようになった。」(岩尾、前掲書、一六一～一六二頁)。

(18) このことを言い換えれば、「利潤確保の活動経験や熟練を蒸留し、客観化し、それによって専門的経営者を武装させる方法の発展である。」(岩尾、前掲書、五四頁)。なお、このような経営労働の表記化・数量化(＝客観化)の先駆的な方法として「複式簿記」が挙げられる。すなわち「複式簿記はこの数字の支配の完成を意味する。まず複式簿記は一切の経済事象を数量化する。換言すれば、複式簿記は経済の世界から一切の具体的色彩を奪い、これをすて無色の数量に転化する機構である。」(青山秀夫『マックス・ウェーバーの社会理論』岩波書店、一九五〇年、一三四頁)。この複式簿記は、はじめは商業資本家による商業簿記であったが、資本主義の発展にともない、産業資本家による工業簿記へと発展した。すなわち、「かつての商業資本家にたいする商業簿記の作用と同様に、工業簿記は産業資本家の純粋な姿を客観化し、資本蓄積の機能を保障するものに転化した。」(岩尾、前掲書、一五〇頁)。

（19）藻利重隆『経営管理総論』千倉書房、一九六五年。

（20）「官僚制化は、純即物的な見地から行政における分業の原則を貫徹するに、もっとも好都合な条件を提供する……。このばあい、『即物的な』処理とは、何よりもまず、『人を顧慮せず』計算可能な原則にしたがって行われる処理を意味する。……こうしたいっさいのものをもっとも好ましい組合せで提供するのが官僚制的構造である。」（マックス・ウェーバー『官僚制』阿閉吉男・脇圭平訳、角川文庫、一九五八年、三七～三八頁、傍点原著者）。

（21）「通常、巨大な近代資本主義的諸企業は、それ自身が厳格な官僚制的組織の無比の見本である。その商取引は、作業の的確さ、恒久性、とくに［作業］測度の増大という原則によってつらぬかれ、このことはまた近代的交通手段……の特質によるものである。もろもろの公示、経済上の事実あるいは純政治的な事実の伝達における速度の異常なスピード・アップということそれ自体が、すでに、そのときどきの状況にたいする行政の反応テンポを最大限に促進する方向にたえず強い圧力を加え、その最適の条件は、通常、厳格な官僚制的組織によってのみもたらされる。」（ウェーバー『官僚制』三六～三七頁、傍点原著者）。

（22）しかし、事務部門における「分業による協業」がマニュファクチャーにおけるそれと異なる点は、マニュファクチャーにおける労働過程が労働者の個性に適合させられているのに対し、事務部門における労働者は労働過程に適合させられている、ということにある。したがって、マニュファクチャーにおける労働過程は主観的な協働に依存するのに対し、事務部門における労働過程は客観的な協働に依存し、そこに客観的な科学の適用が可能となる。

(23)「機械語」、すなわち機械が解読できる表記形態の原型は、直接的生産過程においていくつかの穴のあけられたカードを機械に挿入し、カード上にあけられたその穴の組み合わせ方で諸作業機の作動の仕方を決定するというところにあった。すなわち、「穴によって機械に情報を伝える、つまり穴の組み合わせで機械の読める文字を作る考えは、フランスの発明家ジャカールが自動織機制御に用いた考案に源を発しているといわれます。ジャカールの発明は、カードにあけた穴の位置配列によって機械を自動的に制御し、非常に複雑な図柄、模様を織り出させるもので、いわゆるジャカード織機の元祖であり、その考案は一七九九年に完成しています。」(鵜沢昌和『電子計算機入門』日経文庫、一九六六年、三七頁。なお、ジャカード織機の完成年については一八〇四年など異説がある。[S・リリー『人類と機械の歴史』小林秋男・伊藤新一訳、岩波新書、一九五三年、九七頁])。

(24)「その発明の動機は、十年ごとに行なわれる国勢調査の集計作業に毎回多大の年月を要していたので、その短縮への切実な要求にあったといわれています。……その解決案、つまり今日のPCSの基本となった考案の骨子は、国勢調査の作業内容が『分類』とその結果の『集計』であることから、まず分類のためには、①カードを使うこと、また機械によってカードを分類し、さらに仕分けられたカードを機械によって集計するために、機械の読める文字、つまり『機械語』としてこれらのカード上にあけられた、②穴の組み合わせを用いること、の二点にありました。」（鵜沢、前掲書、三六頁）。

(25) ただし、電子計算機の開発はPCSの改良として為されたものではない。すなわち「PCSの歴史と、電子計算機のそれを対照すると、両者はまったく無関係な生いたちであることがわかりましょう。つまりPCSは、初め国勢調査用の分類集計機として誕生し、それが分類集計業務の充満する企業に取り入れられていったのに対し、電子計算機は自動高速計算機械として、純粋の計算用を主目的において開発されたものです。」（鵜沢、前掲書、四二頁）。また、企業の事務部門においてPCSの果たした役割と電子計算機への移行状況は、わが国とアメリカとではその様相を異にする。すなわち「わが国における電子計算機の普及の状況には、アメリカと非常に違った点があります。というのは、わが国の場合は、アメリカのようにPCSがすっかり普及していて、電子計算機がこれに置き代わっていくという形をとったのではなかったことです。つまりアメリカでは一九三〇年代にすでにPCSは相当に普及し、電子計算機が産業界に進出し始めるまでに、二十年以上も情報処理の領域に君臨していたのに対し、わが国にPCSが普及しだしたのは戦後のことであり、企業にあまり浸透しないうちに電子計算機の登場を見たのでした。したがってアメリカでのようにPCSが十分前駆的地ならしをして、そこへ電子計算機が進出するといった現象は起こるいとまがなかったのです。」（鵜沢、前掲書、三三一〜三三三頁）。なお、電子計算機すなわち「コンピューター」は、以後、出典によっては「コンピュータ」と表記される。

(26) 事務部門における自動機械体系の形態が電子計算機体系へと発展すると、今度は翻って直接的生産過程においても電子計算機が適用されることになる（= Factory Automation）。たとえば機械工業における工作機械の数値制御の例が挙げられる。すなわち「昔、ならい旋盤という工作機械があったが、これは加工すべき形状のものと等しい形状を備えた模型をつくり、この模型をトレースすることによりそれと同形のものを自動製作する工作機械であった。この模型という物理的存在を、コンピュータの出力である数値情報におきかえたものが、数値制御の工作機械と考えてよい。」（経済審議会情報研究委員会『日本の情報化社会――そのビジョンと課題』ダイヤモンド社、一九六九年〔以下『情報化社会』と略記〕一〇六頁）。また、装置工業の直接的生産過程に電子計算機を適用して運転制御を行なわせるものが「プロセス制御」と呼ばれるものである。すなわち「プロセス制御は、化学工業におけるアンモニア・プラント、石油精製業におけるハイドロクラッカーの制御、製鉄業におけるストリップ・ミルの制御など、そのほか製紙業、ガラス工業でのプラントの運転制御などにコンピュータを利用している。プロセス制御とは、製造プロセスからの計測データをコンピュータ記憶装置内に挿入されている運転モデル内に代入し、演算処理したコンピュータ出力を人間を介せず、直接プロセスの運転に結びつけ、安定的で能率的な運転を確保するものである。」（『情報化社会』一一〇頁）。

(27) わが国の企業内における情報処理部門の拡充・強化の動向については、第1図を参照のこと。

(28) 高木教典「情報産業の発展」講座『現代の社会とコミュニケーション・第二巻――情報社会』東京大学出版会、一九七四年、一二五～一二六頁。

(29) 情報処理業に高利潤が見込まれるということは、情報処理業が成立するための十分条件ではあっても必要条件ではない。たとえば、わが国においては採算を度外視しても情報処理業を社会的分業体系の一分枝として成立させることがあり、そのときは、情報処理業に対して政府が何らかの助成策を講ずることになる（本章第四節参照）。なお、わが国における情報処理業の生成過程については、長谷英雄・朝井幸洋『情報処理センター――その運営と効果的利用法』ダイヤモンド社、一九七四年、二九～三〇頁も参照のこと。

第1図　企業内部門のウェイトの変化

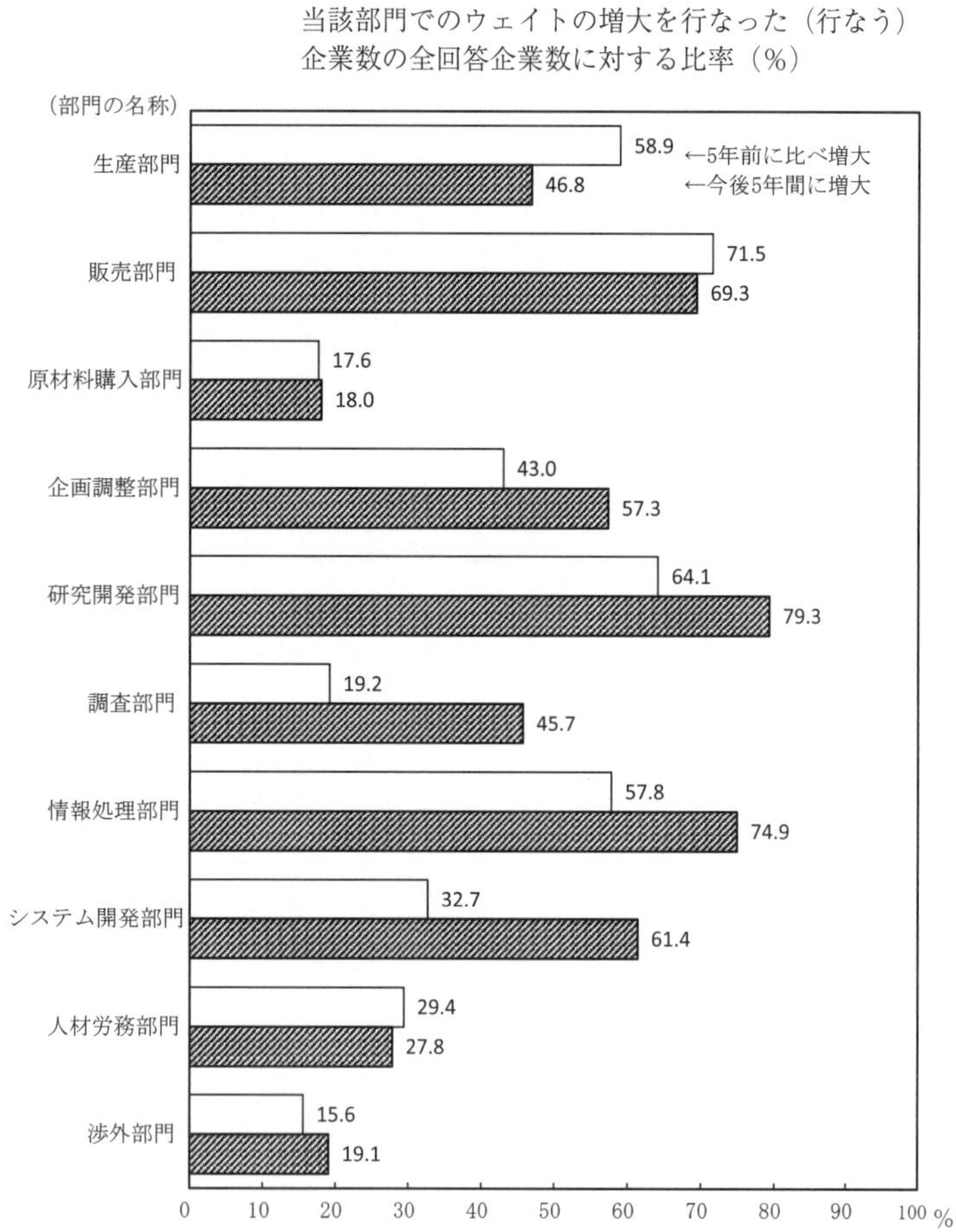

（出所）通産省『わが国企業経営の情報化システム化の現状と問題点に関する実態調査報告書』1971 年

第二項　情報処理業の展開

本項では、情報処理業の展開について、その対象を日本に絞って検討することにする。

さて、企業内における情報処理労働の必要性の増大により、社会的分業体系の一分枝として成立することになるわが国における情報処理業の展開形態はさまざまである。

①バックアップセンター

情報処理業の展開形態として、まず、電子計算機製造企業とその販売代理店が、電子計算機の販売を促進する手段として設立する情報処理企業が挙げられる。なおその際、当該企業は、電子計算機製造企業とその購入企業による共同設置という形態をとることがある。

②専属計算センター

情報処理業の展開形態として、つぎに、企業の情報処理部門による兼業的形態、あるいは企業の情報処理部門からの分立的形態が挙げられる。このうちまず、企業の情報処理部門による兼業的形態をとっている情報処理業としては、たとえば「証券会社の計算部門が不況のため自社のデータ処理業務が減少して浮き出た余力をいかし、他企業の仕事を引き受けるようになったもの[1]」などのように、「[電子計算機] ユーザーの計算部門が別会社にはなっていないが広く一般からコマーシャル・ベースで計算受託を行なう」[2]情報処理企業があり、企業の情報処理部門からの分立的形態をとっている情報処理業としては、たとえば「計算技術者が特殊の専門家であって、その養成や配置転換が簡単にできないことや、独立採算制によって計算部門やその利用部署に原価意識を持たせるため、また関連会社などの業務を引き受けさせるためなどの理由によって、独立させたもの」[3]などのように、「電子計算機またはPCSのユーザーが、計算部門またはソフトウェア開発部門を分離独立させ別会社とし、コマーシャル・ベースで外部の計算を受託している」[4]情報処理企業などがある。

③ 共同計算センター

情報処理業の展開形態として、また、諸企業による電子計算機の共同利用を目的として設立する共同的形態が挙げられる。このような形態をとっている情報処理業としては、まず、企業の巨大化に対応して産みだされる共同的形態、すなわち、巨大企業を対象とした情報処理企業などがあり、また、中小企業における電子計算機の浸透によって生じる情報処理の必要性に対応して産みだされる共同的形態、すなわち「中小企業などが［電子計算機の］共同利用を目的として設立し、コマーシャル・ベースで運営している」[5]ような中小企業を対象とした情報処理企業などがある。[6]

④ 公共計算センター

情報処理業の展開形態として、さらに、主として「中小企業等の地域企業の合理化促進のため、公共機関が運営する計算センター」(7) のような、中小企業に電子計算機を共同利用させるために政府や地方自治体が関与して設立する情報処理企業が挙げられる。

⑤ 一般計算センター

情報処理業の展開形態として、最後に、「特定の固有業務は持たずに、コマーシャル・ベースで、広い業務受託を行っている」(8) ような、「独立の計算受託または、計算関連作業受託(例、カード穿孔機作業の受託)またはソフトウェアまたは開発企業として創立された法人または個人企業」(9) が挙げられる。そしてこの形態こそは、企業内における情報処理労働の必要性が増大して外部化される契機が内包され、さらに、情報処理業の収益性に期待可能性があるという条件があたえられることにより、社会的分業の一分枝としてはじめて産みだされることになる独立・専業の情報処理企業なのである。(10)

さて、わが国の情報処理業は、まず一九五四年(昭和二九年)、東北電力(株)の情報処理業務を代行する「専属計算センター」としての東北機械計算(株)が設立され、その後、各種の展開形態をとるさまざまな経営主体によって発展してきた。

第１表　暦年経営主体別計算センター年間開設状況

暦年 経営主体	29	30	31	32	33	34	35	36	37	38	39	40	41	42	43	44	45	46	47	48	49
独立計算センター	1	1	0	0	1	2	3	5	10	12	25	26	56	64	60	60	58	51	32	59	42
公共機関センター	0	0	0	0	1	1	0	0	1	1	2	3	3	4	1	2	4	2	0	1	13
バックアップ	0	0	0	1	4	2	0	2	11	15	8	7	15	13	20	19	14	10	13	4	6
合計	1	1	0	1	6	5	3	7	22	28	35	36	74	81	81	81	76	63	45	64	61

（注）1. ハードウェアを持たないソフトウェア開発企業は含まない。
　　　2. 独立計算センター＝専属生産センター＋共同研究センター＋一般計算センター

（出所）JECC「全国計算センターおよびソフトウェア開発企業分布状況調査」1975 年

第２図　経営主体別計算センター年間開設状況

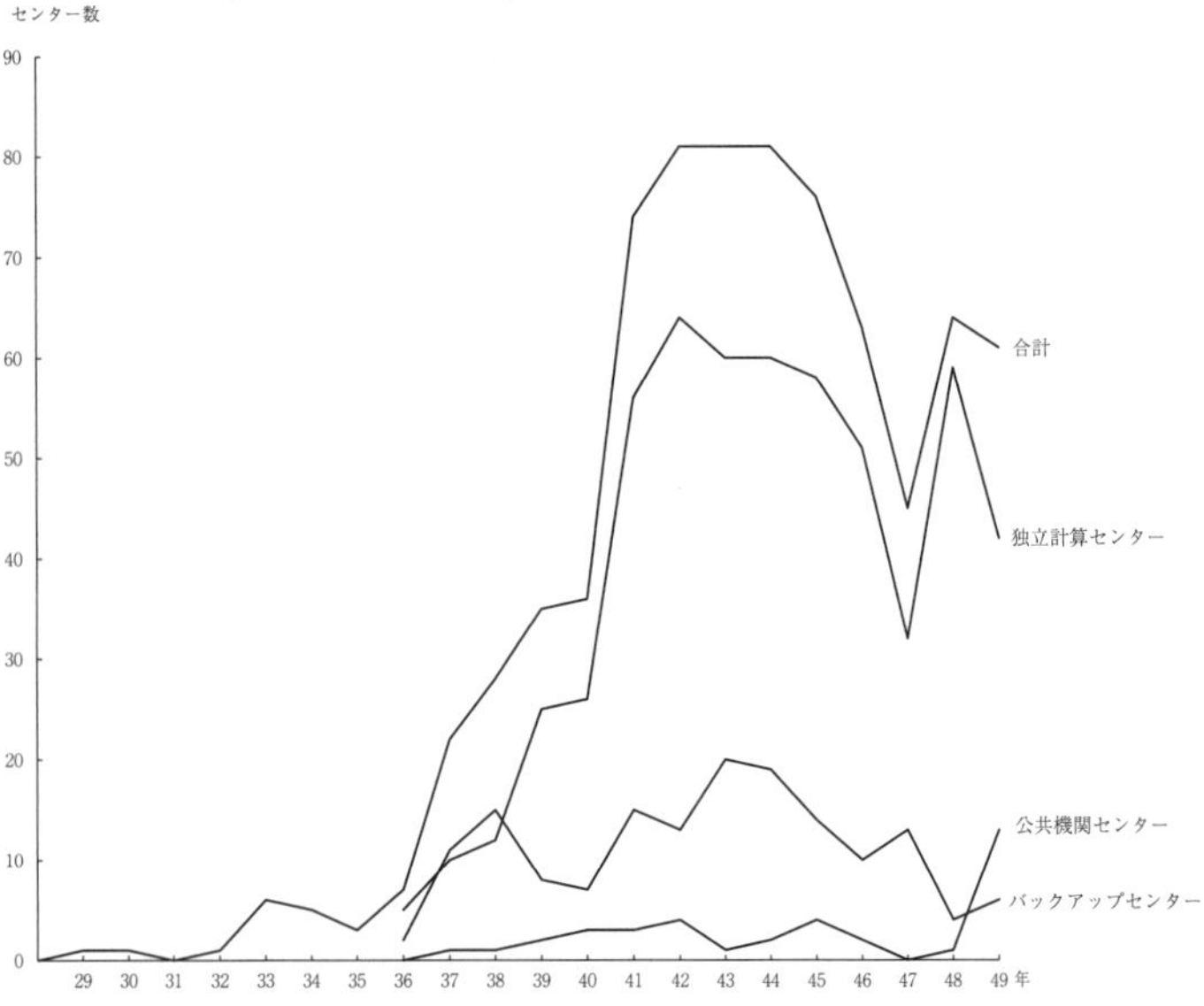

（出所）第１表に同じ。

第3図　経営主体別計算センター数・構成比推移（各年1月1日現在）

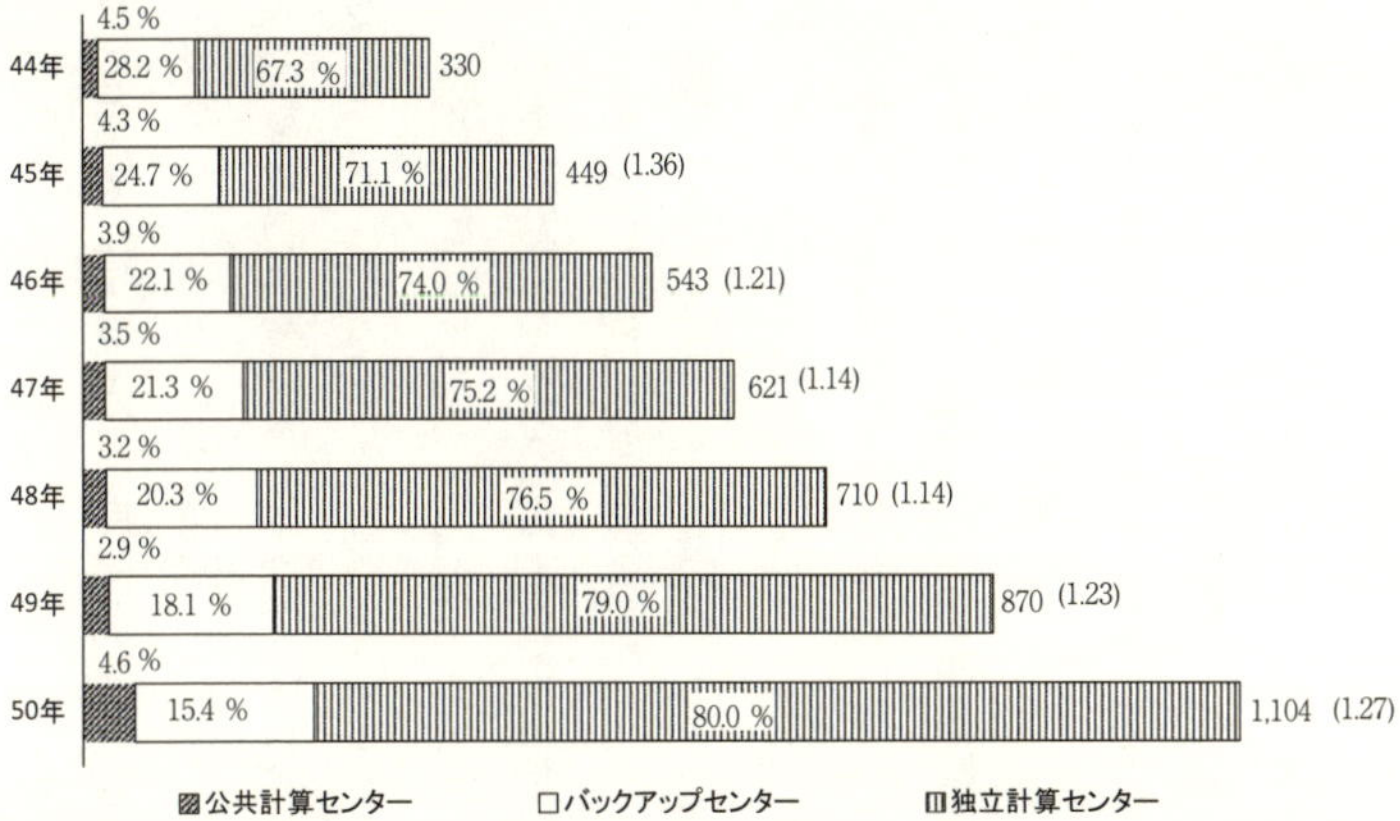

（出所）第1表に同じ。

このようなわが国における情報処理業の発展過程のうち、その量的側面について、まず、昭和二九年から四九年までの新設計算センター（情報処理業）の年間開設状況の推移を第1表及び第2図によって見てみると、年間開設数（合計）は昭和四一年から四四年にかけての増大が著しい。また、経営主体（展開形態）別年間開設数の推移では、昭和三八年まではバックアップセンターが増加し、三九年からは独立計算センター（専属計算センター・共同研究センター・一般研究センター）が増加しているが、公共計算センターは昭和四九年をのぞき微々たる数にとどまっている。なお、昭和四四年から五〇年（各年一月一日現在）までの既設（当該年に運用中の）計算センターの推移を第3図によって見てみると、計算センター総数は昭和四四年では三三〇であったものが、五〇年では一一〇四へと大きく増加し、とくに昭和四四年から四五年の一年間で一・七倍、四九年から五〇年の一年間では一・三倍の伸びをしめしている。さらに、経営主体（展開形態）別構成比の推移を同じく第3図によって見てみるとは、バックアップセンターが昭和四四年では二八・二％であったものが、五〇年では一五・四％へと減少しているが、独立計算センターは六七・三％から八〇・〇％へと増加している。

つぎに、わが国における情報処理業の発展過程のうち、その質（＝規模）的側面について、昭和四六年（一月一日）と四九年（七月一日）の変化を見てみると、情報処理業の資本金別分布は、資本金五〇〇〇万円以上の企業数が一三から三〇、構成比が九・一％から一五・六％へと増加し（第2表）、情報処理業の年間売上高別分布は、売上高一億円以上の企業数が四五から一一五、構成比が三一・六％から五九・九％へと増加し（第3表）、従業員数別分布は、従業員数一〇〇人以上の企業数が二〇から三九、構成比が一四・一％から二〇・二％へと増加し、総従業員数（推定）は一万七七六八人から四万七五三八人へと二・七倍に増加した（第4表）。

このように、わが国における情報処理業は、昭和五〇年までに、質量ともに増加しているのである。

第 2 表　情報処理業の資本金別分布

資本金（百万円）	昭和46年（1．1）企業数	小計	構成比%	小計	昭和49年（7．1）企業数	小計	構成比%	小計
1 未満	1		(0.7)		2		(1.0)	
1 ～ 5	37		(26.1)		51		(26.6)	
5 ～ 10	28		(19.7)		32		(16.7)	
10 ～ 50	63		(44.4)		77		(40.1)	
50 ～ 100	4	13	(2.8)	9.1	12	30	(6.2)	15.6
100 以上	9		(6.3)		18		(9.4)	
合　計	142		(100.0)		192		(100.0)	

（注）昭和 46 年調査の資本金の最大は 5 億円。昭和 49 年調査の資本金の最大は 6 億円。

第 3 表　情報処理業の年間売上高別分布

資本金（百万円）	昭和46年（1．1）企業数	小計	構成比%	小計	昭和49年（7．1）企業数	小計	構成比%	小計
5 未満	7		(4.9)		1		(0.5)	
5 ～ 10	3		(2.1)		3		(1.6)	
10 ～ 50	52		(36.6)		39		(20.3)	
50 ～ 100	35		(24.6)		34		(17.7)	
100 ～ 500	35		(24.6)		85		(44.3)	
500 ～ 1,000	8	45	(5.6)	31.6	17	115	(8.8)	59.9
1,000 以上	2		(1.4)		13		(6.8)	
合　計	142		(100.0)		192		(100.0)	

（注）昭和 46 年調査の売上高の最大は 1,055 百万円。昭和 49 年調査の売上高の最大は 2,619 百万円。

第 4 表　情報処理業の従業員数別分布

従業員数（人）	昭和46年（1．1）企業数	小計	構成比%	小計	昭和49年（7．1）企業数	小計	構成比%	小計
1 ～ 4	3		(2.1)		6		(3.1)	
5 ～ 9	14		(9.9)		14		(7.3)	
10 ～ 19	24		(16.9)		31		(16.2)	
20 ～ 49	48		(33.8)		55		(28.7)	
50 ～ 99	33		(23.2)		47		(24.5)	
100 ～ 199	13		(9.2)		21		(10.9)	
200 ～ 299	5	20	(3.5)	14.1	6	39	(3.1)	20.2
300 以上	2		(1.4)		12		(6.2)	
合　計	142		(100.0)		192		(100.0)	
総従業員数（推定）	17，768 人				47，538 人			

（出所）（第 2 ～ 4 表）JECC『日本の情報処理サービス業』1975 年

注——第二節第二項

（1）鵜沢、前掲書、一八二〜一八三頁。

（2）日本電子計算機株式会社『全国計算センターおよびソフトウェア開発企業便覧』一九七四年（以下『企業便覧』と略記）二頁。

（3）鵜沢、前掲書、一八三頁。

（4）『企業便覧』二頁。

（5）長谷・朝井、前掲書、一九七頁。

（6）「電子計算機自体が改良されて使いやすくなり、また電子計算機はもはや大企業だけの専有物ではなくなり、中企業、小企業でもこれを使用する機運が強まってきました。そして中小企業での雇用難の増加が、いっそうこの傾向に拍車をかけつつあるわけです。同時にこれらの中規模以下の企業では、多額の出費と多数の人材が必要な電子計算機を大企業のように自前で運営するには、その負担があまりに大きすぎます。そこで計算センターの利用が脚光を浴び、共同設立という形も中小企業の同業者間にかなり出てくるわけです。」（鵜沢、前掲書、一七七〜一七八頁）。

（7）『企業便覧』二頁。

（8）長谷・朝井、前掲書、一九七頁。

(9)『企業便覧』一頁。
(10)この形態の情報処理企業(=一般計算センター)でなされる業務は、およそつぎのようなものである(鵜沢、前掲書、一八二頁)。
①中小企業のデータ処理の代行
②中小企業のデータ処理関係のコンサルティング
③大企業の部分的業務(株式計算、市場調査等)の受託
④大量のパンチ業務の受託
⑤政府、地方自治体の事務、統計、計算技術の受託
⑥技術計算の設計
⑦大企業のプログラミング援助、代行
⑧新ソフトウェアの開発、貸出
⑨プログラマー、計算技術等の講習、養成

第三節　情報通信業の生成と展開――独占資本主義的協働――

本章の目的は、通信業の現代的形態である情報通信業が、社会的分業(=協働様式)の展開に照応して生成=展開する過程をわが国について検討することである。そして、これまでは情報

通信業のふたつの側面、すなわち「情報搬送（通信）業」（＝物質交通業）と「情報加工（情報処理）業」（＝精神的交通業）の生成＝展開過程を各々別個にたどってきた。そこで本節では、このふたつの業の接合物である「情報通信業」の生成＝展開過程について検討することにする。

第一項　情報通信業の生成の条件

資本主義的生産様式における大規模生産は、企業規模を拡大しながら巨大企業を産みだし、その内部の諸部門間における企業内分業を進展させる。つぎに、このような巨大企業は、その労働生産性の上昇を補完する外業部、すなわち中小企業による下請制度を産みだし、それら中小企業をしてその巨大企業の系列下へと編入せしめる。さらにまた、資本主義的生産における自由競争から生じる大規模生産の行き詰まりは、競争を回避して生産を独占するための独占資本主義的協働様式として独占体諸形態を形成する。すなわち、それら諸形態として、まず、同業種巨大企業同志によるカルテル（企業連合）が形成される。それについでまた、同業種巨大企業同志が併合されてトラスト（企業合同）が形成される。そして、さらに進んでは「金融資本」を中核とした異業種巨大企業同志によるコンツェルン（企業集中）が形成されて[1]、独占体の規模はよりいっそう壮大なまでに拡張される。

さて、資本主義的生産様式におけるコミュニケーション形態は資本主義的協働様式に照応して現われるが、資本主義がこのように巨大企業と独占体の形成に基づく独占資本主義へと進展すると、そこにおけるコミュニケーション形態も、独占資本主義的協働様式に照応し、それまでの企業に適合的だったコミュニケーション形態を矛盾として受け取るようになり、(2)やがてはそこから、巨大企業内部の諸部門間、巨大企業とその系列中小企業間、独占体内巨大企業間、及び独占体外巨大企業間を相互に結びつけるところの新しいコミュニケーション形態である「情報ネットワーク」を形成する必要性を増大させる。したがって、このような情報ネットワークの形成に際しては、巨大企業と独占体諸形態ごとにその必要性（＝形成条件）を異にする。

それでは、このような巨大企業と独占体諸形態に対応して、わが国における情報ネットワークを形成する必要性（＝形成条件）は、どのような形をとって現われるのか。

①巨大企業内部の諸部門間

巨大企業において進展した企業内分業を結合するため、巨大企業内部の諸部門間において情報ネットワークを形成する必要性が増大する。

②巨大企業とその系列中小企業間

巨大企業とその系列中小企業との分業を結合するため、この両者間において情報ネットワークを形成する必要性が増大する。(3)

③ カルテル

カルテルを構成する巨大企業間の競合関係を調整するため、カルテル内の巨大企業間において情報ネットワークを形成する必要性が増大する。その場合、それらカルテルの管理部門として業界団体が据えられるが、[4] その業界団体とその構成員たる巨大企業間及び業界団体を仲介とする各巨大企業相互間においても情報ネットワークの必要性が増大する。[5]

④ トラスト

トラストを構成する巨大企業間を結合するため、トラスト内の巨大企業間において情報ネットワークを形成する必要性が増大する。

⑤ コンツェルン

コンツェルンの中核である金融資本とコンツェルンを構成する巨大企業間、及び各巨大企業相互間において情報ネットワークを形成する必要性が増大する。その場合、わが国では、主として金融資本を中核としたいわゆる「財閥」グループにおいて、そのグループ内の各企業を相互に結合するところの情報ネットワークを形成する必要性が増大する。[6]

⑥ 独占体外巨大企業間

社会的分業の進展によってますます細分化されてゆく「個別労働」を社会化するため、すなわち「分業化の進展の反面としての分業化された諸活動の総合化の必要性の増大」(7)のため、独占体外巨大企業間において情報ネットワークの必要性が増大する。(8)

注――第三節第一項

(1)「生産の集積、そこから発生する独占、銀行と産業との融合あるいは癒着――これが金融資本の発生史であり、金融資本の概念の内容である。」(レーニン『帝国主義論』七八頁)。

(2)「独占的大企業の企業規模の飛躍的な巨大化、……国際市場の拡大、国際的な外国資本との競争の激化など、企業内外の諸情勢の変化にともなって企業活動は複雑、多様化し、一般管理事務、流通業務の分野において、また生産計画、販売計画、将来の経営方針を確立するためにも、従来の情報処理の水準では対応することが困難視されるに至った。」(高木、前掲論文、一二五頁)。

(3)「[巨大]企業自身が必要な外部情報を個々別々に収集蓄積するような体制を今後とも継続することは、人員、費用等の重複となる。したがって……系列企業間等における情報ネットワークによる各種情報の相互利用が当然図られていく」(産業構造審議会・情報産業部会「情報化および情報産業のあり方、並びにこれに対する施策のあり方に関する中間答申」一九七四年九月〔『通産ジャーナル』一九七四年一一月号所収・以下「中間答申74」と略記〕四六頁)。

たとえば、電気機械産業において、「〔巨大〕企業は……下請系列企業の育成活用にあたって技術面を含めた情報提供をより豊富に行なう傾向は顕著となりつつあるとともに、また企業の海外進出、海外企業との連携も次第に活発となり、これとともに海外子会社のシステム的管理が重要となろう」（産業構造審議会・情報産業部会・産業情報化委員会「産業の情報化に関する中間答申」一九七一年五月〔『通商産業研究』第一六四号所収・以下「中間答申71」と略記〕二一八頁）と言われ、また鉄鋼業においても、「一元的管理の限界から単純製品、特殊製品、高度加工製品の製造などを分離した系列企業に加えて原料購買部門、工場内補助部門、販売流通部門等の系列下請企業からなる一大企業集団をなしている。このような機能分化は、企業における知的活動を戦略的部門に傾注し得るという点からも、今後も一層の進展をみせるであろう。このため、企業集団全体の効率化を図るためのシステム化と集団内の情報ネットワークの必要性は増大している」（大寺憲正・他「主要産業における情報化」『通商産業研究』第一六四号、一八九頁）と言われるのである。因みに、通産省『わが国企業経営の情報システム化の現状と問題点に関する実態調査報告書』（一九七一年）では、巨大企業が「系列企業との関係維持のための重要事項」として、「各種情報の提供」を重視していることが示されている。

（4）「業界団体は、産業界において同業者間あるいは同種の利害関係・目的等を有する業者間等により組織される機関であり、日本自動車工業会、日本鉄鋼連盟、日本化学繊維協会等々に例がみられる。……これら業界団体は対政府等業界外部折衝および業界内協調共同事業の実施の二大機能を有している。」（山崎宗重「情報流通のネットワーク——業界団体の機能を中心として」『通商産業研究』第一六四号、一二三〜一二四頁）。なお、情報ネットワークにおけるこのような業界団体の地位を「情報ネットワークの結節点」（山崎、前掲論文、一三〇頁）と呼ぶこともできる。

（5）たとえば石油業界において、「企業内のシステム化に対応して、石油業界全体を通ずる目的的なネットワークの形成の可能性が認められる。パイプライン構想とも結びついて、コンピュータを軸とした各社間の製品交換流通システムが可能となれば、交錯輸送によるむだなコストが排除され、流通経費の大幅な節約が期待できる。このため、石油交換センターやデータバンクの実現が望まれるところである」（「中間答申71」一二二頁）と言われる場合がそれである。

（6）たとえば「旧財閥系企業集団においても広範な情報収集網と高度な情報処理能力を有する総合商社、銀行等を中心とした情報面での結びつきが増加している」（大寺、前掲論文、五九頁）と言われる場合がそれである。

（7）産業構造審議会『情報処理および情報産業の発展のための施策に関する答申』（以下『答申』と略記）昭和四四年五月、六頁。

（8）たとえば鉄鋼業において、「企業集団に捉われない、機能的な企業間協力は進展しつつある。すでに商社とのシステム的協力により、消費近接地には、工場の精整ヤード、出荷ヤードを延長した形での大規模な流通加工基地を建設し、細部仕上げ、仕分け、梱包等を行なっている」（大寺・他、前掲論文、一八九頁）など、「主として技術を中心とした異業種との機能的な提携、協力関係が進んでいるが、情報面においても、たとえば鉄鋼メーカー―商社―造船業の企業間システムにみられるような機能的な協力関係が進展しつつある」（大寺・他、前掲論文、五九頁）と言われる場合がそれである。

第二項　情報通信業の生成の規制

① 通信回線の共同使用の規制

巨大企業内部の諸部門間、巨大企業とその系列中小企業間、独占体内巨大企業間、及び独占体外巨大企業間において情報ネットワークを形成するためには、各企業の情報処理部門相互間を、電子計算機を介して通信回線で結合（＝接続）するオンライン・システム、すなわちデータ通信システムが必要なものとなってくる。しかし、わが国においてデータ通信システムを構築するためには、そこに、通信回線（＝有線電気通信設備）の「共同使用」に関する法的規制が存在した。

すなわち、旧電信法（明治三三年施行）以来厳しく規制されてきた私設有線電気通信設備の設置に関しては、戦後新たに制定された有線電気通信法（昭和二八年法律第九六号）がそれを大幅に緩和して、通信設備を一人の者が単独で設置する限りにおいてはかなりの自由を認めたが、私設有線電気通信設備を二人以上の者が共同して設置したり接続したりすることは、法律が明定する場合、及び郵政大臣の許可を受けた場合以外には原則として禁止していた。[1] 一方、国家主導のもとに産みだされた情報搬送業者である日本電信電話公社〔以下「電々公社」または「公社」と略記〕または国際電信電話株式会社〔以下「国際電々」または「会社」と略記〕が所有する公衆電気通信設備に関しては、そのひとつの設備を一人が利用する場合の公社または会社に対する専用契約申込みについて、公衆電気通信法〔昭和二八年法律第九七号〔以下「公衆法」と略記〕〕は「公社又は会社は、……公衆電気通信役務の提供に支障がないとき、又はその提供に著しい支障がなく、かつ、公共の利益のため特に必要があるときは、公衆電気通信設備……の申込みを承諾しなければならない」〔同法第五六条〕と規定してかなりの自由を認めたが、同一設備を二人以上の者が共同して専用すること〔＝「共同専用」または「共同使用」〕に関しては、「国の機関及び地方公共団体又は共同して同一の業務を行なう二人以上の者若しくは相互に業務上緊密な関係を有するためその間の通信を必要とする二人以上の者」〔同法第六六条〕以外には、設備の「専用契約を公社又は会社と締結することができる者は、一の専用契約につき一人に限る」〔同法第五九条〕とされていた。したがって公衆法によれば、企業内諸部門間を専用回線によって接続することは可能であったが、諸企業相互間を専用回線によって接続すること〔＝共同使用〕は、その諸企業が「同一の業務を行なう」か「業務上緊密な関係を有する」者以外には認められない、

第5表　データ通信システム数の推移

分類＼年度	43	44	45	46	47	48
直営システム	2	4	9	15	29	40
自営システム	75	122	188	295	441	706
私設システム	7	13	16	20	20	20
合計	84	139	213	330	490	766

（出所）日本情報開発協会『コンピュータ白書 1974』コンピュータ・エージ社、1974年

ということが原則とされていた。

（a）私設システム：このような法的規制のもとにあって、わが国の企業内データ通信システムとして、まず、有線電気通信法に基づいて自由に設置することができ、したがって公衆法の対象外となっている「私設システム」（＝単一利用者が電子計算機、通信回線、端末機等、すべてのデータ通信設備を設置して構成するシステム）が現われた。すなわち、昭和三九年に開始された国鉄の座席予約システム（＝「緑の窓口」MARS101）や貨車の連結・到着予約のための地域間急行システム（昭和四三年）、関西電力の自動給電システム（昭和四〇年）、地方公共団体の大気汚染観測システム（昭和四〇年）等がそれである。そしてこのような私設システムは、昭和四三年度から四五年度の二年間で七システムから一六システムへと二・三倍に増加した（第5表）。

（b）自営システム：企業内データ通信システムとして、つぎに、公衆法第五六条に基づいて設置された「自営システム」（＝単一利用者が自ら電子計算機、端末機等を設置し、これらを結合する通信回線として専用回線を公社から提供されて構成するシステム）が現われ

た。[2] そしてこのような自営システムは、昭和四三年度から四五年度の二年間で七五システムから一八八システムへと二・五倍に増加した（第5表）。

（c）直営システム：このような法的規制のもとにあって、さらに、データ通信サービスを「試行的役務」として行なうことができる電々公社の「直営システム」（＝公社所有に係わる電子計算機、通信回線等を用いて利用者の用に供せしめるシステム）が現われた。[3] すなわち、昭和四三年の群馬銀行為替業務に関するデータ通信サービスのような特定利用者を対象としたシステム、及び昭和四五年の販売在庫管理システムのような不特定利用者を対象としたシステムがそれである。そしてこのような直営システムは、昭和四三年度から四五年度の二年間で二システムから九システムへと四・五倍に増加した（第5表）。

② 通信回線の他人使用の規制

企業内及び企業間におけるデータ通信システムの必要性が増大して外部化される契機が内包され、さらに、業としてのデータ通信の収益性に期待可能性があるという条件があたえられてデータ通信市場が創出されると、社会的分業の一分枝として「データ通信業」（＝情報通信業）が成立することになる。[4] しかし、わが国においてデータ通信業を成立させるためには、そこに、通信回線（＝有線電気通信設備）の「他人使用」に関する法的規制が存在した。

わが国においてデータ通信業（＝情報通信業）の成立を阻んでいた当時の主な法的規制はつぎ

のとおりである。

（a）私設回線：「有線電気通信設備を設置したもの（公社及び会社を除く。）は、業としてその設備を用いて他人の通信を媒介し、その他その設備を他人の通信の用に供してはならない。」（有線電気通信法第一〇条）。

（b）専用回線：「専用者は、業としてその専用設備を用いて他人の通信を媒介し、その他その専用設備を他人の通信の用に供してはならない。」（公衆法第六四条）。

（c）加入電話回線：「加入電話加入者は、その加入電話により他人に通話をさせるときは、加入電話加入者が支払うべき料金のうちその他人の通話により増加する部分に相当する額をこえて対価を受けてはならない。」（公衆法第四一条）。

（d）加入電信回線：「公社又は会社と電信加入契約を締結した者……は、その加入電信の設備を他人の通信の用に供するための契約を公社又は会社と締結した場合を除き、業としてその加入電信の設備を他人の通信の用に供してはならない。」（公衆法第五五条の六）。

注——第三節第二項

（1）「有線電気通信設備は、二人以上の者が共同して設置してはならない。」（有線電気通信法第四条）。「有線電気通信設備を設置した者（公社及び会社を除く。）は、その設備と他人（公社及び会社を除く。）の設置した有線電気通信設備とを相互に接続させてはならない。」（同法第九条)。

(2) たとえばつぎの例がある。「某自動車メーカーでは、工場と販売店の間を専用のデータ通信線で結び、販売店からの販売需要のデータ収集およびそれに伴う経理事務処理を、主としてリアル・タイムで行なっている。新車需要の車種別、型別の情報が刻々工場へ集められ、翌日の作業予定へ直ちに反映される。需要に対応して……『部分的多様化』のための必要な『部品供給切替え』を、システム化された『自動車組立ライン』の統括頭脳たるコンピュータが円滑にやってのける。前日、販売店の端末機にインプットされた需要情報は、翌日には指定どおりの製品となって工場の門をくぐり販売店へ発送されてゆく。その間の情報伝達および各種情報処理は、すべて即時または数時間のうちに自動的に処理される仕組みである。」(『情報化社会』五七頁)。

(3) 「公社又は会社は、公衆電気通信役務であって、この法律で定めるもの以外のものを試行的に提供することができる。」(公衆法第一二条の二)。

(4) 「『情報通信業』とは、他人の需要に応じ、業として情報処理または情報提供をデータ通信により行なう事業をいう。」(情報通信業研究会〔事務局:郵政相電気通信監理官室〕『情報通信業研究会報告書』一九七二年、二頁)。ただし本書では、データ通信による「情報提供業」は、情報生産業なので「情報通信業」のうちには含めない。

第三項　情報通信業の生成の規制緩和

① 規制緩和の要求と実現

以上のように、わが国のデータ通信システムは、当時の法的規制内で実施可能な最大限の発展を遂げるに至ったが、巨大企業と独占体の形成に基づく独占資本主義の進展にともなってデータ通信システムを形成する必要性がなおいっそう増大すると、巨大企業と独占体は通信回線の「共同使用」に関する法的規制の緩和を要求することになる。一方、こうしたデータ通信システムの必要性の増大に照応して創出されたデータ通信市場に対して、社会的分業の一分枝としてデータ通信業（＝情報通信業）を成立せしめるため、巨大企業と独占体は通信回線の「他人使用」に関する法的規制の緩和を要求する。こうして、巨大企業と独占体はデータ通信システムの形成と情報通信業の成立を阻んでいる法的規制の根幹である公衆法の改正を政府に対して要求することになる。[1] これに対して政府の側では、通産大臣による産業構造審議会への諮問（四四年五月答申[2]）や、郵政大臣による郵政審議会への諮問（四四年一二月答申[3]）等の対応策を経過したのち、ついに昭和四六年五月、「公衆電気通信法の一部を改正する法律」が可決成立したのである。

② 規制緩和の結果

（a）通信回線の共同使用の拡大：公衆法の改正によって、通信回線の共同使用の範囲はどのように拡大したか。

〈専用回線〉企業間でデータ通信を行なうために公社または会社が所有する「特定通信回線」（データ通信のための「専用回線」を改正公衆法では「特定通信回線」と言う）を共同使用することについては、つぎのようにその範囲が拡大された。すなわち、改正公衆法第五五条の一一では、「その申込みに係る者の業務上の関係又はこれらの者の当該電気通信回線を使用する態様が郵政省令で定める基準に適合するものであるとき」、公社または会社はデータ通信回線の使用契約申込みを承諾できるとし、その省令による申込み基準として公衆電気通信法施行規則第四条の一三でつぎの場合を挙げて、企業間データ通信（＝特定通信回線の共同使用）を可能とした。[4]

i 国の機関又は地方公共団体。

ii 共同して同一の業務を行なう二人以上の者。

iii 防災の用に供するデータ通信設備を共同して使用する行政機関、地方行政機関、公共機関又は地方公共団体。

iv 公害の防止の用に供するデータ通信設備を共同して使用する国の機関、地方公共団体又はばい煙発生施設や汚濁水を排出する施設を設置する事業者。

v 救急業務の用に供するデータ通信設備を共同して使用する地方公共団体、病院又は診療所。

vi 製造又は販売についての売買契約、原材料共同購入契約等の継続的な契約を締結する（イ）

製造業者相互間、（ロ）製造業者及び卸売業者相互間、（ハ）卸売業者及び小売業者相互間の生産管理、販売管理又は在庫管理の用に供するデータ通信設備を共同して使用する当該製造業者、卸売業者又は小売業者。

vii　預貯金の受入払渡について相互に業務委託契約を締結する（イ）普通銀行、相互銀行若しくは信用金庫相互間、（ロ）農業協同組合、農業協同組合連合会若しくは農林中央金庫相互間の預貯金の受入払渡業務の用に供するデータ通信設備を共同して使用する当該普通銀行、相互銀行、信用金庫、農業協同組合、農業協同組合連合会又は農林中央金庫。

viii　座席予約について業務委託契約を締結する（イ）旅客運送事業者相互間、（ロ）旅客運送事業者及び旅行業者相互間の座席予約業務の用に供するデータ通信設備を共同して使用する当該旅客運送事業者又は旅行業者。

〈公衆回線〉企業間でデータ通信を行なうために同一の公衆通信回線（＝加入電話回線及び加入電信回線）を共同使用することについては、その範囲が特定通信回線（＝専用回線）を使用する場合と同様の基準によって拡大され（公衆法第五五条の一八）、不特定小口利用者に対するデータ通信サービスが可能となった。

こうして、巨大企業と独占体の形成に基づく独占資本主義の進展にともなってその必要性を増大させてきたデータ通信システムの形成は、公衆法のこの改正（昭和四六年九月施行）によってはじめて法的に確立され、わが国におけるデータ通信システムの自営システム数は昭和四五年度の一八八システムから四八年度の七〇六システムへと三・八倍に増加し（第5表）、さらに、データ通信システムに使用される電子計算機台数は昭和四五年度の三二四台から昭和四八年度の九五七台へと三・〇倍に、国内電子計算機総設置台数のうちデータ通信に使用される割合（＝オンライン化率）は昭和四五年度の三・四％から昭和四八年度の四・一％へと一・二倍に増加した（第6表）。なお、昭和四八年度末においてデータ通信の自営システムが対象とする業務を第7表によって見てみると、生産・販売在庫管理が三三・九％ともっとも多く、預金・為替・信託が一九・四％でそれにつぎ、このふたつの業務だけでデータ通信システムの対象業務の五三・三％を占めている。

（b）通信回線の他人使用の拡大：公衆法の改正によって、通信回線の他人使用の範囲はどのように拡大したか。

〈専用回線〉業としてデータ通信を行なうために特定通信回線（＝専用回線）を他人の用に供しようとすることについては、その「他人の通信の用に供する態様が公社又は会社が郵政大臣の認可を受けて定める基準に適合する場合に限り」[5]認められることになった（公衆法第五五条の一三）。

〈公衆回線〉業としてデータ通信を行なうために公衆通信回線を使用することについては、特

第6表　年度別オンライン化率

区別＼年度末	45	46	47	48
電子計算機の設置台数①	9,482	12,809	17,255	23,443
データ通信システムに使用されている電子計算機台数②	324	476	674	957
オンライン化率（②／①×100％）	3.4	3.7	3.9	4.1

（出所）郵政省『昭和49年度・通信に関する現状報告』

第7表　データ通信システムの対象業務別システム数

（昭和48年度末現在）

対象業務	自営システム		直営システム		私設システム		
	システム数	分布（%）	システム数	分布（%）	システム数	分布（%）	システム数（%）
預金・為替・信託業務	137	19.4	20	50.0	—	—	157（20.5）
生産・販売在庫管理	239	33.9	9	22.5	—	—	248（32.4）
経営管理	24	3.4	—	—	—	—	24（3.1）
予約	10	1.4	1	2.5	—	—	11（1.4）
公害監視	60	8.5	—	—	3	15.0	63（8.2）
交通制御	40	5.7	—	—	—	—	40（5.2）
証券	20	2.8	—	—	—	—	20（2.6）
運送管理	11	1.6	—	—	1	5.0	12（1.6）
メッセージ通信	14	2.0	—	—	—	—	14（1.8）
保険	15	2.1	—	—	—	—	15（2.0）
科学技術計算	32	4.5	6	15.0	1	5.0	39（5.1）
受託計算サービス	29	4.1	—	—	—	—	29（3.8）
その他	75	10.6	4	10.0	15	75.0	94（12.3）
合計	706	100.0	40	100.0	20	100.0	766（100.0）

（出所）第2表に同じ。

定通信回線を使用する場合と同様の基準によって認められることになった（公衆法第五五条の一八）。なお、従来は単なる「試行的役務」にすぎなかった公社と会社によるデータ通信サービス（＝直営システム）も、公衆法のこの改正により、利用者が公社あるいは会社との間で「データ通信設備使用契約」を締結して可能とするものとして法定化された（公衆法第五五条の一九〜二二）。

注——第三節第三項

（1）たとえば「経済団体連合会が昭和四三年七月に設けた情報処理懇談会が、四四年四月に経済界の意見を集約し、それを公表するとともに政府に対して書簡を送ったほか、日本情報処理開発センターが設けたNIS〔National Information System〕小委員会の中間報告書（四三年九月）、日本経営情報開発協会の郵政審議会答申にあたっての意見書（四四年一一月）や公衆法一部改正に対する意見書（四五年八月）の作成など政府に対する働きかけも活発に行なわれ」（中山隆夫「公衆電気通信法の一部改正とその意義について〈その2〉」『電信電話経営月報』一九七一年九月号、六頁）た。

（2）「情報処理のための通信回線利用を中心に、新しい需要の発生に対応するため、現在通信制度の本格的な検討が準備されているが、その検討を促進するとともに、検討に当り、次の諸点に十分な配慮を払う必要がある。（イ）異主体間のネットワークの形成——現行の法制下にあっては、異主体間のネットワークの形成については、通信回線を自ら設置することも、また、電々公社回線を用いることも規制されているが、異主体間のネットワークは、最も基本的なネットワークとして今日すでに多くの企業によってその利用が要請されており、現状を再検討のうえ、通信秩序の維持に支障のない限り、その自由な利用を認める。（ロ）情報産業のネットワークの形成――情報処理サービス業、情報提供サービス業が顧客との間で通信回線を用いて遠隔情報サービスを行ないうるよう、また、これらのサービス業が本支店間のネットワークを形成しうるよう（イ）と同様の措置をとる。（ハ）公衆交換回線網の利用――公衆交換回線網の情報処理に対する開放は、スイッチングによって多くの相手との間の情報処理を可能にするばかりでなく、通信施設の効率的利用という面からも、また、通信回線利用者の経済性の観点からも遠隔情報処理発展上の重要な要件であり、現状を再検討のうえ、その利用を可能とする。（ニ）その他――以上の措置と併せて、通信回線の独占的な整備と提供に当る電々公社の需要者に対する通信回線提供条件の明確化、通信回線利用効率向上のための複数の者による専用回線共用（シェアード・ユース）の容認、通信回線への端末機器の接続制限の緩和などを検討する。」

（3）「『データ通信サービス』（仮称）を設けることは適当である。なお、これらのサービスについては、できるだけ速やかに実施できるよう法制上その他所要の措置を講ずるとともに、『データ通信回線網サービス』を利用できる企業グループの範囲を定めるにあたっては、企業等の諸活動において有機的な関連がすすめられその間の情報流通の態様が高度化する傾向を示している実情を考慮し、これら企業間にわたるデータ通信の需要に弾力的応じうるよう配慮することが望ましい。」

(4) ここで述べるような基準に適合しない回線使用契約の申込みについては、そのつど郵政大臣の認可を受けることになる。(公衆法第五五条の一一第二項第一号)。

(5) 「郵政大臣の認可を受けて定める基準」とは、たとえば第4図のような場合である。すなわち、「Aが公社と特定通信回線使用契約を締結し、その特定通信回線をa・b・c(他人)に使用させて計算業務、検索業務を行なう場合、いわゆる『行って来い』の形で使用させるような場合が典型的な基準となる。」(中山、前掲論文、一六頁)。

第四項　情報通信業の展開

以上のように、公衆法の改正は通信回線の他人使用を可能にし、業としてのデータ通信=情報通信業が成立しうる法的根拠を作りだ

第4図　特定通信回線の他人使用例

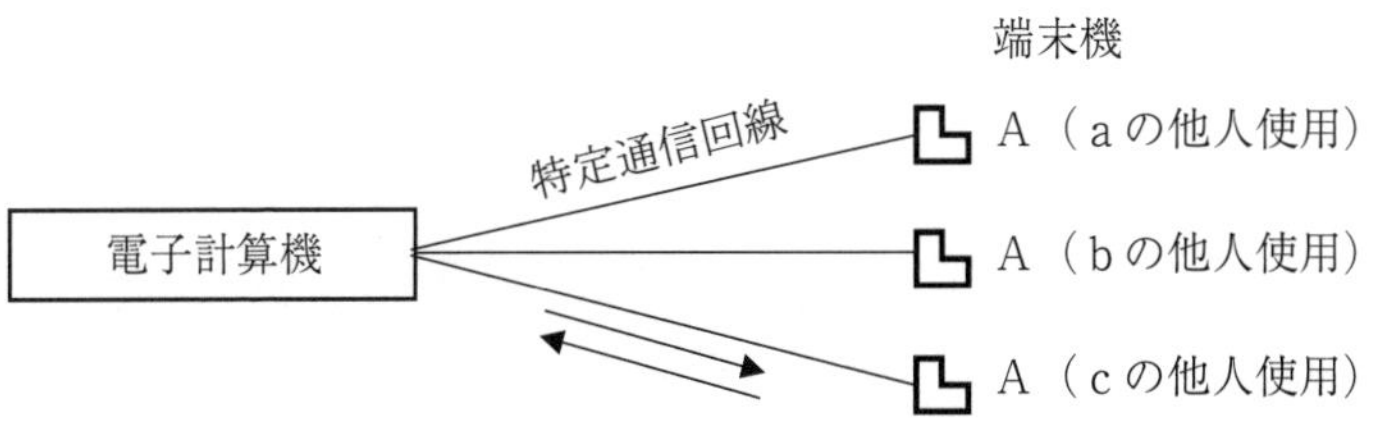

(注) A：特定通信回線使用契約者

し、そこからいよいよ「情報通信業」が社会的分業の一分枝として自立してくることになる。ところで、電気通信を生産手段とする「情報搬送(通信)業」(=物質的交通業)であるとともに、電子計算機を生産手段とする「情報加工(情報処理)業」(=精神的交通業)でもある、というふたつの側面をもつ情報通信業が社会的分業の一分枝として自立してくると言った場合、その展開形態は、情報搬送(通信)業から分離=自立するのであるか、情報加工(情報処理)業から分離=自立するのであるか、あるいは独立=専業的な情報通信業者が自生的に現われるのであるか。

①電々公社

まず、情報通信業の前駆的形態として、すでにデータ通信を「試行的役務」として行なっているところの情報搬送業者たる電々公社が存在しており、公社は公衆法の改正によってデータ通信を法定化された業務のひとつとしてもつことになった。こうして、公社のデータ通信サービスを行なう直営システム数は、昭和四五年度の九システムから四八年度の四〇システムへ四・四倍に増加した(第5表)。なお、この直営システムによるデータ通信サービスには、(イ)不特定の利用者を対象とした定型的サービス=「公衆データ通信サービス」(「販売在庫管理システムサービス」及び「科学技術計算システムサービス」)と、(ロ)特定の利用者を対象とした個別的サービス=「各種データ通信サービス」(銀行為替サービス、座席予約サービス等)があり、いずれの場合もその通信サービスを利用しようとする者は、公社に対して「データ通信設備使用契約」を申し込むことになる。そして、昭和四八年度末においてデータ通信の直営システムが対象とする業務別システム数を第7表によって見てみると、（イ）のうち販売在庫管理等が二二・五％、（ロ）のうち銀行為替業務等が五〇・〇％を占め、このふたつのサービスを対象としたシステムだけで直営システム数の七二・五％に及んでいる。また、（イ）の「公衆データ通信サービス」のうち「販売在庫管理システムサービス」の昭和四八年度における利用状況を第8表によって見てみると、ユーザー数・端末数は対前年度比が二・一倍以上に増加している。さらに、（ロ）の「各種データ通信サービスの利用状況の推移」を第9表によって見てみると、公衆法改正前の昭和四五年度ではシステム数四、端末数一九六、一システム当たり端末数四九・〇であったものが、改正後の四八年度では各々二五（六・三倍）、二四一八（一二・三倍）、九六・七（二・〇倍）へと増加している。

② 国際電々

つぎに、電々公社と同じく情報搬送業者たる国際電々も公衆法の改正によってデータ通信を法定化された業務のひとつとしてもつことになった。こうして国際電々は、電々公社と同様にデータ通信設備使用契約に基づく「国際オートメックスサービス」を昭和四八年三月から開始し、このサービスの国内利用者数は四八年度末で三、端末数は二三となっている。

第8表　販売在庫管理システムサービスの利用状況

区別＼年度末	47	48	対前年度比
ユーザ数	173	364	210.4%
端末数	635	1375	216.5%
1ユーザ当たりの平均端末数	3.7	3.8	

第9表　各種データ通信サービスの利用状況の推移

区別＼年度末	45	46	47	48	48／45
システム数	4	8	17	25	6.3　倍
端末数	196	497	1,215	2,418	12.3
1システム当たりの端末数	49.0	62.1	71.5	96.7	2.0

（出所）（第8～9表）第6表に同じ。

第10表　主要「情報通信業」者の資本金から見た企業規模

区別	社数	1社当たり平均資本金	1社当たり平均従業員数
（イ）＋（ロ）	12社	3.4億円	462人
（ハ）＋（ニ）	3	172.2	5,355
計	15	37.2	1,440

（出所）第6表に同じ。

③ 情報通信業（民営）

また、公衆法の改正によって、昭和四六年九月から民営による情報通信業が設立可能となった。そして、昭和四八年度末における民営情報通信業者は二〇社（推定）、そのうち主要一五社（一六システム）の開設年次は、昭和四六年度一社、四七年度七社、四八年度七社となっている。また、昭和四八年度末におけるこの一五社の生成形態別企業数を見てみると、（イ）データ通信サービスを専業とする企業一、（ロ）データ通信サービス以外の情報処理等を主な業務とする企業一一、（ハ）電子計算機の販売を主な業務とする企業一、（ニ）その他の企業二、となっている。なお、この一五社の企業規模を第10表によって見てみると、「（イ）＋（ロ）」の企業と比較して「（ハ）＋（ニ）」の企業は、企業数こそ少ないが、資本金・従業員数では大規模なものとなっている。

さて、情報通信業者がデータ通信サービスを専業とするためには、それに照応した広範な市場が必要であるが、上記のように、昭和四九年三月末時点では、データ通信サービスを専業とする企業がわずか一社であるにすぎないほどに、当時のデータ通信サービス市場はいまだ狭隘なものにとどまっていた。そのため、その専業一社以外の情報通信業は何らかの関連業者による兼業的形態をとり、社会的分業の一分枝として自立的形態をとっているとは言えなかった。そのため、情報通信業の自立化を促進せしめるため、巨大企業と独占体は、通信回線の共同使用や他人使用に関していまだある種の規制を設けている改正公衆法[1]の更なる改正を政府に対して要求することになる。[2]

注——第三節第四項

（1） たとえばデータ通信回線の他人使用については、改正公衆法で、主として本書九九頁注（5）に示されるような場合に限られていた。

（2） たとえば昭和五〇年四月、「日本情報開発協会（植村甲午郎会長）、日本情報センター協会（稲葉秀三会長）、ユーザー団体連合会（武田泰明会長）の情報処理関連三団体は三日郵政相に対して電子計算機と通信回線を結んだデータ通信（オンライン・システム）の発展に対応して、①通信回線の共同使用や他人使用、データの出入方式などの関する諸制限の撤廃、②回線料金を急激に値上げしないこと、③新料金体系は一年以上前に示唆すること、③電々公社のデータ通信サービスと民間計算センター業務の競合問題を解決するため、第三者を含めた懇談機関の設置——などを求める要望書を出した。」（『朝日新聞』昭和五〇年四月四日）。また、産業構造審議会情報産業部会による昭和四九年九月の中間答申においても、「昭和四六年以来通信回線の開放が進められてきているとはいうものの、第三者がコンピュータセンターを利用する場合、センターとの往復通信に終始する利用が認められるにとどまっており、円滑なネットワーク形成が阻害されている面がある。」（「中間答申

74」五三頁）と指摘され、「通信回線の使用についても一層の緩和等その改善を図ることが望ましい。」と言われている。

第四節　政府による情報通信業助成策——国家独占資本主義的協働——

資本主義的生産様式におけるコミュニケーション形態は資本主義的協働様式に照応して現われるが、資本主義が独占資本主義へと進展すると、そこにおけるコミュニケーション形態も、独占資本主義的協働様式に照応した形態へと変化する。そして、巨大企業と独占体は、このコミュニケーション形態への変化を阻んでいる法的規制の緩和を求め、政府（国家）に対して公衆法の改正を要求し、実現させる。それはまさしく国家を独占資本に奉仕させる「国家独占資本主義」への具現化にほかならない(1)。そして国家独占資本主義は、この法的規制の緩和のように、政府（国家）が巨大企業と独占体の要求を受け入れてそれを直接的に実現させる、という性格をもつ。国家独占資本主義のこの性格は、巨大企業と独占体が、その生産手段＝生産基盤（インフラストラクチャー）である情報搬送手段の拡充を求め(2)、政府がその要求を受け入れてそれを直接的に実現させる、ということにも現われる。

だが、国家独占資本主義は、このように政府が直接的に巨大企業と独占体の要求を実現させるだけでなく、政府が何らかの助成策を講じ、間接的に巨大企業や独占体の要求を実現できるようにするという性格ももっている。このことを情報通信業についていえば、巨大企業や独占体が情報通信業の自立化を要求するが、情報通信業に未だ高利潤が見込まれず、また市場が狭隘であるような場合、政府が何らかの助成策を講じ、情報通信業の自立化を実現できるようにするというものである。したがって、ここで政府が取りうる助成策とは、第一に情報通信業の低収益性を補完するための資金的・制度的助成であり、第二に狭隘な情報通信市場を拡張するための情報通信需要の創出である。そこで以下、政府による情報通信業の助成策の推移を、これらふたつの側面から見てゆくことにする。(4)

注——第四節

(1)「独占資本主義のもとでは、国家の機能は独占資本の利益に奉仕することである……。」(P・バラン＝P・スウィージー『独占資本』小原敬士訳、岩波書店、一九六七年、八五頁)。「資本主義の全般的危機のなかでつよく要求される国家の役割は……資本主義体制の運命をかけての独占体にたいする奉仕が主要な任務になる。これが国家独占資本主義ともいわれている。」(岩尾、前掲書、五四頁)。

(2)「生産力の急速な……発展にともなって……巨大企業の関心は、産業関連施設へ向けられた。巨大企業は、それらを自ら負担せず、それへの国家投資の増大をつよく要望しはじめた。」(岩尾、前掲書、六三頁)。

（3）このような要求に至る要因のひとつとして、国内資本による内的要因だけでなく、外国資本による外的要因があげられる。すなわち、外国（アメリカ）の独占資本による要求を受け入れて、わが国における情報処理業の自由化は、昭和四九年一二月一日に五〇％、五一年四月一日に一〇〇％とすることが四八年四月に決定され、わが国の情報処理市場への外国独占資本の進出に対する国内独占資本の防衛策が急務だったのである。

（4）なお、以下にみる法令や政府審議会の答申等では、「情報通信業」のうち、主として「情報処理業」を対象としているが、場合によってはそれを「情報産業」等と記述し、用語として統一されていない。

第一項　資金的・制度的助成

情報通信業の低収益性を補完するための資金的・制度的助成については、昭和四四年五月、産業構造審議会情報産業部会の答申において、「個々の経営情報システム、情報ネットワーク、情報産業の形成と運営は、主として民間のイニシアティブに委ねるべきであるが、これらの民間の活動が円滑に発展しうるよう、各種の制度、体制、慣行等の改善を進め、また民間の活動を援助することは、政府の主要な役割である。」と指摘され、その具体的な「育成助成措置」としてつぎの二点が挙げられていた[1]。

〈資金の確保〉情報産業は、人材の育成、ソフトウェアの開発、情報収集等に多額の資金を要する反面、一般に保有する固定資産が少なく、通常の市中金融の対象となり難いので、資金確保のための特別の措置をとる。このため、たとえば国による特別の基金の設置等について検討する。

〈税制上の優遇〉情報産業の育成振興の観点から、従来の税制措置と異なる新たな優遇措置を講ずることが必要であり、このため、情報産業に対する需要の拡大、この分野への新たな資本の参入の促進、情報産業の早期な発展に資しうるよう、所要の税制措置を講ずる。(2)

① 資金的助成（資金の確保）

産業構造審議会のこのような答申に即し、まず情報通信（処理）業に対する「資金の確保」措置について、政府は昭和四五年に「情報処理振興事業協会等に関する法律」（昭和四五年法律第九〇号）を成立させた。この法律の目的は「電子計算機の利用及びプログラムの開発を促進し、プログラムの流通を円滑にし、並びに情報処理サービス業等の育成のための措置を講ずること等によって、情報化社会の要請にこたえ、もって国民生活の向上及び国民経済の健全な発展に寄与すること」（同法第一条）とした。またこの法律の内容は（イ）電子計算機利用高度化計画の策定、（ロ）プログラム調査簿の作成・公表、（ハ）情報処理技術者試験の実施、（ニ）情報処理振興事業協会の設立、の四項目が盛り込まれていた。そして、情報通信（処理）業に対する「資金の確保」措置については、主として同法第三条の「情報処理振興事業協会」において規定された。それによれば、この法律に基づいて設立される情報処理振興事業協会は「情報処理の振興を図るためのプログラムの開発及び利用の促進並びに情報処理サービス業等を営む者に対する助成に関する業務を行なうこと」（同法第七条）を目的とし、その資本金は政府出資金と民間出資金とで構成され、つぎに掲げる諸項目を主たる業務とすることになっていた。

（a）開発を特に促進する必要があり、かつ、その開発の成果が事業活動に広く用いられると認められるプログラム（以下「特定プログラム」という。）であって、企業等が自ら開発することが困難なものについて、委託して開発し、また対価を得てこれを普及すること。

（b）特定プログラムであって、企業等が開発したものについて、対価を支払ってその利用に関する権利を取得し、また取得したそのプログラムを対価を得て普及すること。

（c）情報処理サービス業者等（情報処理サービス業又はソフトウェア業を営む会社又は個人をいう。以下同じ。）が金融機関から電子計算機の導入、プログラムの開発その他業務又は技術の改善又は向上に必要な資金を借り入れる場合における当該借入れに係る債務を保証すること。

（d）情報処理サービス業者等以外の者が金融機関からその事業活動の効率化に寄与するプログラムの開発に必要な資金を借り入れる場合における当該借入れに係る債務を保証すること。

（e）情報処理に関する調査を行ない、及びその成果を普及すること。

なお、このc項とd項に規定する債務保証は、政府出資金と民間出資金・出捐金とで構成される「信用保証基金」をもってこれに充てることとされた。さらに、情報処理業に対する資金の確保措置として、同基金に基づく債務保証以外にも、同協会の保証を受けた情報処理サービス業者等に対して、日本興業銀行、日本長期信用銀行、日本不動産銀行の三行が資金運用部資金の金融引受けの見返り資金に基づいて融資を行なう「情報処理振興基金措置」があった。(3)

② 制度的助成（税制上の優遇）

つぎに情報通信（処理）業に対する「税制上の優遇」措置について、政府は昭和四七年度の税制改正によって「プログラム保証準備金」制度を創設し、さらに、四九年度の税制改正によってその適用期間が二年間延長された。このプログラム保証準備金制度とは、これまで納入プログラム無料補修義務にともなう補修引当金が有税とされていたのに対し、プログラム売上額の二％を限度として積み立てることのできるプログラム保証準備金に免税措置を施すというものである。(4)

注——第四節第一項

（1）『答申』一二三頁。

（2）なお、産業構造審議会情報産業部会は、この昭和四四年答申以降の情勢を踏まえた中間答申を四九年四月に行なったが、そこでも、政府の情報通信業助成措置について、つ

第５図　情報処理振興事業協会の事業運営の仕組みと予算（昭和 49 年度）

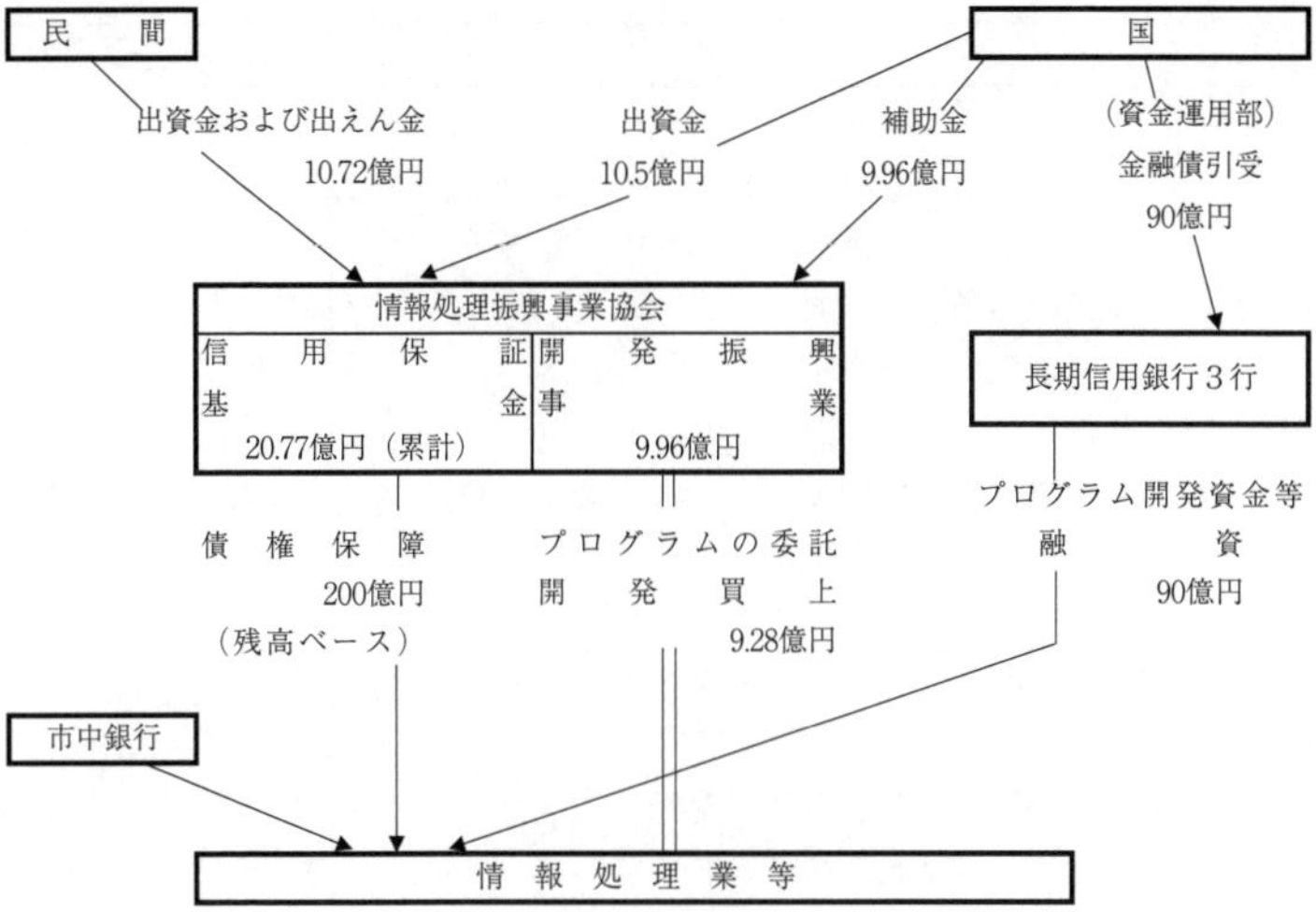

（出所）JECC『コンピュータ・ノート』1975 年度版

第11表　政府による情報処理業助成策等

（単位：百万円）

項　　　　　　　　　　　　　　　目	50年度予算額
一 情報処理産業の振興	
（予算）	
1．電子計算機産業振興対策費のうち	
情報処理産業振興対策費補助	1,200
2．情報処理振興事業協会事業運営費	1,322
（財役）	
1．ソフトウェア開発設備のための開銀融資	その他のうち
2．情報処理振興金融措置	（49年度）9,000
二 国民福祉向上のための情報システムの開発、普及	
（予算）	
1．医療情報システム開発費	313
2．生活映像情報システム開発費	804
3．貿易情報システム開発費	63
4．パターン情報処理システム研究開発費	3,370
（大型プロジェクト）	
（財役）	
1．情報システム化促進	不明

（出所）JECC『電子計算機ニュース』第61号（昭和50年2月1日）

ぎのように述べている。――「公共的プロジェクトでも経済的採算が取り得るものについては、民間での開発に委ねることが効果的であり、情報産業の振興に寄与することが多い。しかしながら、システム技術や情報産業の未成熟なわが国においては、この分野において民間のみの自発的努力により早急な発展を期待することは困難である。したがって、国からの委託や補助金の交付による開発を行うとともに、普及段階においては生産者に対して税制、金融上の優遇措置を講ずるべきであろう。」(『中間答申74』五一頁)。

(3) 昭和四九年度予算による情報処理振興事業協会の事業運営の仕組みと情報処理業等に対する資金の確保措置については第5図参照。

(4) 以上のような情報通信(処理)業に対する政府の資金的・制度的助成等を昭和五〇年度予算によって総括したものが第11表である。

第二項　情報通信需要の創出

狭隘な情報通信市場を拡張するための情報通信需要の創出については、政府自らが行なう政府部内における情報通信(処理)需要の創出と、そこから産みだされる政府部内からの情報通信(処理)労働の外部化(=分業化=情報処理企業に対する外注)が挙げられる。しかし、政府によるこの助成策にはひとつの前提が必要である。それは、政府部内における事務労働に電子計算機が適用されて事務(=情報生成)部門のうちに「情報処理」(=情報加工)労働が産みだされ、政府部内においてその情報処理労働の必要性が増大し、それにともなって情報処理が高度化されているということである。

① そこでまず、情報通信需要の創出の前提となる政府部内における事務労働への電子計算機の適用と情報処理労働の必要性の増大（→情報処理の高度化）について見てみると、政府は昭和四三年八月、つぎのような「政府における電子計算機利用の今後の方策について」の閣議決定を行なった。

(a) 電子計算機の利用に関し、新規適用業務の拡大、利用技術の開発、各種標準化等について調査研究を充実すること。

(b) 電子計算機利用のあいろとなっている諸問題を解決するための措置を積極的に講ずるとともに、各省庁に対する助言指導体制を整備すること。

(c) 各省庁における電子計算機要員の養成を推進するとともに、基幹要員の研修を統一的に行なうこと。

(d) 大型電子計算機の開発に伴い、各省庁による共同利用の推進および行政施策の遂行に必要な情報の総合的利用を図るための調査研究体制を整備すること。

政府は、この閣議決定に基づいて、七省庁（行政管理庁、経済企画庁、科学技術庁、大蔵省、文部省、通商産業省、郵政省）情報処理政策担当課長会議を設置し、また行政管理庁の調整のもとに各省庁電子計算機担当課長会議を召集して、政府部内における情報処理の高度化を推進する体制を整備した。そして、政府のこのような方針を反映して、政府部内各省庁における電子計算機の利用は次第に増加し、昭和四八年度末には、電子計算機導入省庁数一八、設置台数二一二、要員数四七三一に及び、その適用業務も次第に拡大していった。(1)

② つぎに、政府部内におけるこのような情報処理の高度化を前提として行なわれるところの政府部内における情報通信（処理）需要の創出と情報通信（処理）労働の外部化（＝外注）について見てみよう。

（a）情報通信（処理）需要の創出：アメリカの情報通信（処理）業の発展が、国家独占資本主義に基づく軍産複合体のもとでの軍需という国家（政府）の情報処理需要に多くを依存していたのに対し、わが国政府部内における情報通信（処理）需要は、「アメリカのように独占的大企業の要請が国家によって媒介されず、その直接的な契機になっているのが特徴(2)」的であり、当時はまだアメリカのような規模には達していなかった。そのため、昭和四九年九月の産業構造審議会情報産業部会の中間答申では、「米国においては、政府プロジェクトを民間に委託開発させることにより、民間のシステム開発技術力の向上、蓄積が図られたが、我が国も政府が率先して社会システムプロジェクトを発注することにより、既存産業のシステム構成能力と情報処理能力の向上が図られるべきである」(3)とされたのである。しかし、わが国における情報処理市場に占める政府と公共団体の割合は、通商産業省の昭和四七年度アンケート調査で二〇・一％（売上高ベース）(4)、日本情報センター協会の昭和四八年一二月一日現在における需要構造調査で二一・五％（対情報処理センター発注分）を占めており(5)、わが国政府部内（及び公共団体）における情報通信（処理）需要の創出は、狭隘な情報通信市場を拡張するのにある程度の役割を果たしていたと言うことができる。

（b）情報通信（処理）労働の外部化：政府部内からの情報処理企業に対する外注費は昭和四八年度において約二二億二〇〇〇万円(6)、政府以外の公共団体、たとえば地方自治体からの外注費は昭和四八年度において四四四億七〇〇〇万円であると見積もられ(7)、これに特殊法人等からの外注費を合算すれば、わが国政府と公共団体からの情報処理企業に対する外注費はある程度の規模に達していたと考えられる。

注——第四節第二項

（1）昭和四八年度末における電子計算機の省庁別導入台数とその主要適用業務は第12表の

第12表　政府各省庁における電子計算機導入状況

省庁名	台数	主要適用業務
総理府	2	統計
警察庁	7	運転免許管理、手口照会、統計
北海道開発庁	1	設計計算
防衛庁	44	補給管理、技術計算
経済企画庁	1	経済分析計算
科学技術庁	8	技術計算
法務省	3	出入国記録管理
外務省	3	外務情報検索、旅券発給
大蔵省	8	関税統計、資金管理、税務
文部省	8	統計、情報検索、技術計算
厚生省	9	統計、年金保険
農林省	7	統計、技術計算
通商産業省	27	統計、情報検索、技術計算
運輸省	26	自動車登録、統計、技術計算、気象
郵政省	44	貯金、簡易保険、数理統計
労働省	8	失業保険、職業紹介、労災保険、統計
建設省	15	技術計算、統計
自治省	1	統計

（出所）行政管理庁編『昭和48年度電子計算機利用実態報告書』

とおりである。

(2) 高木、前掲論文、一二七頁。

(3) 「中間答申74」六九頁。

(4) 通商産業省編『わが国情報処理の現状——昭和四七年度情報処理実態調査』一九七四年。

(5) 日本情報センター協会『情報処理サービス業の需要構造調査』一九七四年。

(6) 行政管理庁行政管理局編『昭和四八年度・電子計算機利用実態報告書——行政情報処理の動向』一九七四年。

(7) 地方自治情報センター『地方自治コンピュータ総覧』一九七三年。

第二章　放送業

第一節　放送業の生成――出現過程――

第一項　序論

放送業は放送番組（情報）を制作（生産）する「情報生産業」（＝精神的交通業）であるとともに、放送番組（情報）を放送（搬送）する「情報搬送業」（＝物質的交通業）でもある、というふたつの側面をもつ。このうち、情報搬送業としての放送業が行なう「放送」は、情報搬送手段として電波を使用する無線電気通信の展開形態のひとつである。

ところで、この無線電気通信は、一九世紀末葉における生産諸力の発展に照応し、旧来の（物質的）交通形態たる有線電気通信を補完＝発展せしめるものとして、まずはじめに無線電信（一八九六年にイタリアのG・マルコーニ Guglielmo Marconi がイギリス特許取得）、すなわち、送信側が「文字」（それ自体で意味をもつ）を電波による伝送可能な「機械語」＝電気的信号（それ自体で意味をもたない、たとえば「モールス符号」）に変換して搬送し、受信側がその「信号」をふたたび「文字」（それ自体で意味をもつ）へと還元するところの「信号」情報搬送方式として出現した(1)。

さて、無線電気通信の分野において、一九〇〇年頃より無線機を搭載する船舶が増加し始めるとともにドイツに無線機製造業者が出現し、対する先発同業者たるイギリスのマルコーニ無線電信会社 Marconi's Wireless Telegraph Co.,（一八九七年前身会社設立〔以下「マルコーニ社」と略記〕）は一九〇〇年にマルコーニ国際海上通信会社 Marconi International Marine Communications Co.,を設立して、イギリス、アイルランド、イタリア、カナダ、ベルギー、ニューファンドランドに海岸局を開設し、同時に同社は、その所有する特許権を背景として船舶局に同社製無線機を賃貸し、「自社の無線機を備えた船には、自社の通信士を配し、彼らには、マルコーニの機械を備えていない船舶局との交信を禁止」[2]し、[3]さらに同社は、一九〇一年にイギリスのロイズ保険組合 Corporation of Lloy,s と提携し、ロイズの保険をかけた全船舶にマルコーニ社製の無線電信機を搭載することで合意して、無線電気通信事業及びそれに使用する機器製造における世界的独占体制を確立した。[4]

一方、無線電気通信分野におけるマルコーニ社のかような独占に対し、一九〇三年、「ドイツの国策無線通信会社スラビーアルコ社、のちのテレフンケン社がマルコーニ社[5]との提携を拒否されたことが直接的契機となって、[6]」ドイツの提唱によりマルコーニ社の独占排除を目的とするベルリン無線電信予備会議（参加国はドイツ、イギリス、イタリア、アメリカ等九カ国で、わが国は不参加）が開催され、[7]その最終議定書において、「船舶局の使用する無線方式のいかんを問わず、海岸局は海上の船舶から発信され、また船舶に送信される電報を受信し、且つ送信しなければならない」（=海岸局の受信伝送義務）等と規定され、七カ国がこの議定書に署名したが、イギリスとイタリアはそれを留保した。[8]そして、無線局間の相互通信義務の問題は、一九〇六年のベルリン無線電信会議においても協議され、国際無線協約が締結された。しかしそこでは、海岸局＝船舶局間の相互通信義務は確立されたが、船舶局間の相互通信義務は特別協定によることとされ、イギリス、イタリア、日本等はこれには参加しなかった。したがって、この船舶局間相互通信義務の問題はさらに持ち越され、ようやく一九一二年のロンドン無線電信会議において先の特別協定が廃止され、船舶局間相互通信義務の一般化が決定し、[9]それを受けてマルコーニ社は、同社の無線通信士に対して他社製の無線機を搭載した船舶局との交信をも指令するに至ったが、しかしこの段階においても、いまだ依然として無線電気通信分野におけるイギリスの圧倒的優位は保持された。

ところで、「海底ケーブルを主とする有線電信網は第一次大戦を前に大方地球上を覆い、……その大部分は、この道の先駆者であり、〝七つの海〟を支配する大英帝国の、ないしは同国系会社の独占するところ」であり、しかも「第一次大戦当時はまだ有線主力時代」であったから、「開戦と同時に連合国軍はドイツの通信線を遮断封鎖することができたし、逆にドイツは国際通信上から陸上の孤島と化さしめられ……ここにおいてドイツに残された道は無線以外になく、当時その利用は専ら海上船舶や海岸局用に限られていたのを一挙に内陸にまで拡大し[10]」て連合国側に対抗することを余儀なくされた。[11]こうして、「科学技術が戦争によってその都度飛躍的発展を遂げてきたことは歴史的事実だが、第一次大戦の場合はドイツの置かれた特殊事情がいや応なく無線技術の開発を促進させ[12]」ることになったのである。[13]

注——第一節第一項

（1）無線電信の技術的可能性は、マルコーニによる無線電信発明以前の一八九二年において、すでにイギリスのW・クルークス卿 Sir William Crookes によって予見されていたと言われる。すなわちクルークス曰く。「吾人にとつて新らしき且つ驚くべき世界が今や正に展開されんとしてゐる。それは電線を用ひずして意思を伝送し之を受信することが可能であることが明白となつたからである。今後発見されねばならないことは、第一に、建物や霧を衝き通す最も短い波長、例へば数呎のものから十、百、千哩に及ぶ長波までの如何なる波長と雖も欲する電波を発生する、より簡単にして確実なる手段であり、第二に、或る一定限度間の波長に反応するが、其の他の一切の波長には反応しない精密な受信機であり、第三に、放射線をレンズ又は反射鏡に依つて如何なる方向へも発射する手段である。……仮に二人の友人が夫々の受信機の感度圏内に住んでゐて、最初に夫々の特別の波長を定め、更に夫々の受信機を相互の感度に同調するならば、通常のモース符号上に長短両様の間隔を発生する様に合せることに依つて、各自の欲するまゝに通信を為すことが出来るのである。」（岡忠雄『米国の放送無線電話企業』通信調査会、一九四二年、六頁）。また、有線電気通信に対する無線電気通信の補完＝発展の関係については、つぎの記述を参照のこと。（一）「無線電信は最初大西洋横断通信のように遠距離通信を目標として発達したのであるが、実用化が進むにつれて、電線を引くことのできない海上の船舶と陸地との間、または船舶相互間の通信機関としても利用されるようになり、それが無線の本命のようになってきた。しかし、無線技術の進歩にともなって、装置が簡単な割合に到達距離はしだいに伸長し、信頼度も高まっていったので、他に手段のなかった海上移動業務に限らず、陸地相互間の、いわゆる固定業務としての利用も高まってきた。すなわち、有線電信、ことに海底線の故障などの場合の代用として、あるいは島々との間の連絡に、いわば有線の補助的通信手段として登場したのである。」(『郵政百年史』四五六頁)。(二)「空中状態の良否によって安定性が大きく左右されるという、宿命的な弱点はあるけれども、……無線の絶対的な利点はその経済性にある。有線の場合だと、海底ケーブルはもちろん陸上線にしてもその施設から維持、保守には巨額の費用を必要とするし、またその諸施設も巨大な上に固定されたものであった。その点無線は、当初はまだ大規模な施設を必要としていたとはいえ、とにかく発信と受信装置さえ備えれば……実に安上がりですむ。」(今井幸信『通信社』中公新書、一九七三年、九七～九八頁)。——なお、旧来の交通形態たる有線電気通信は、基本的には一：一の「個別通信」individual communication に適合的な物理的性格を有していたが、電波を媒体とする無線電気通信は、原初的には「個別通信」手段たる有線電気通信の「補助的通信手段」として現われたにしても、潜勢的には一：多数の「衆合通信」mass communication に適合的な物理的性格を有していた。すなわち、ひとりの送信者によって送出された電波は、一定の性能の装置を備えたいかなる受信者によっても受信されうる「拡散性」を有していたのである。そして、無線電気通信の「衆合通信」手段としてのこの潜勢的性格は、まず無線電信において船舶用通信、とりわけ軍事用通信等（＝放送無線電信）として顕在化された。また、さらに付言すれば、無線電信の登場した一九世紀末葉には「衆合通信」mass communication 並びに「放送」broadcasting という用語は存在しなかった。（これらの用語の使用起源については、各々本書一四八頁注（28）及び一六四頁注（5）を参照のこと）。因みに、イギリスにおいて wireless（無線）という語は比較的早くから使用されており、その使用起源についてはつぎのように言われている。すなわち、「ワイヤレスということばが、イギリスで初めて〝無線による〟という形容詞に使われたのは一八九四年（明二七）のことで、〝無線で送信する〟という動詞に使われたのは一八九九年（明三二）である。」（日本放送協会編『放送五十年史』日本放送出版協会、一九七七年、八～九頁）。

（2）郵政省電波監理局編『電波小史』電波振興会、一九七一年、七頁。

（3）特許権を背景とするマルコーニ社のかような方策には、無線機製造の独占化のみならず、無線電気通信業（＝情報搬送業）への進出とその独占化とが企図されていた。すなわち、マルコーニ社は「船舶用無線の器具製造販売から無線事業に進出し、特許（いわゆるフォーセブンズ、特許番号七七七七）による器具の独占を通して通信業務をも独占しようと企て」（石坂悦男「〝イギリス放送会社〟の設立と解散――放送制度成立過程における国家の関与とメディアの態様」『放送学研究』第二四号、一九七二年、三六頁）たのである。

（4）マルコーニ社とロイズとの提携はイギリス内外に多くの問題を産みだした。すなわち、「国際的には、この提携がケーブル事業につづいて無線電信事業においてもイギリスに独占を許し、イギリスの支配と優位をもたらすことになるという諸外国の警戒を惹起し」（石坂、前掲論文、三七頁）、国内的にはマルコーニ社による国内無線電信事業の独占が、後述のように、イギリス政府をして無線電気通信（電波）法規の必要性を認識せしめるところとなったのである。

（5）原文では「マルコニー社」とあるが、本書では「マルコーニ社」に統一して使用する。

（6）石坂、前掲論文、三七頁。

（7）なお、この会議を、単にイギリスの無線電気通信独占に対するドイツ等の対抗措置として捉えるのみならず、広く、第一次大戦へ至る以前の当時のヨーロッパの全般的情勢との関連において、「この会議の開催はイギリスとドイツとの海上権益の対立の結果であった」（石坂、前掲論文、三七頁）と捉えておくことも必要である。

（8）無線電気通信に関する史上最初のこの国際会議の開催とそれに基づく議定書への調印は、当該各国に対して無線電気通信における国際的な規制を加えたのみならず、たとえばイギリスの如く国内的な規制（＝無線電気通信法規の成立とそれにともなう無線局免許制の発足）をも産みだすこととなり、同国の場合には、それが「かねての懸案であったマルコーニ社の独占問題の解決をはからせ」（石坂、前掲論文、三七頁）ることとなった。その間のイギリスの事情についてはつぎの記述を参照のこと。――「電波の技術的要請から国家間の国際的権利関係の成立は不可欠であるが、この対外的な国家の空間主権が国内的権利関係をも規定するところに、電波の国家管掌が成立する。一九〇四年無線電信法の成立は、まさにこの例である。政府はベルリン会議［＝無線電信予備会議］を契機に、無線局の私的所有に基づく自由交信による混信の防止に対処するという名目で電波の国家管掌の方針を固め、マルコーニ社に対して、政府が締結した国際協定の諸規定に従うことを条件に大幅な便宜（①政府はマルコーニ社のすべての無線局に免許を与えること、②マルコーニ方式以外の手段による交信に対しては一九一一年まで規定料金の倍額が、追加分は政府の負担として支払われること）を供与することで協定を結び、一九〇四年無線電信法を成立させ、国家の電波管掌を確立し、同法の成立と同時に政府による無線局免許業務を開設した。」（石坂、前掲論文、三七頁）。

（9）このような決定が可能となった背景には、あの有名な客船タイタニック号の遭難事件を契機とした無線電気通信の役割に対する認識の変化があったことは周知のとおりである。

（10）今井、前掲書、九八～九九頁。

(11)「レマルクが描く『西部戦線異常なし』のその後方で、連合国側の一人のアメリカ陸軍諜報部員が、技術開発に頭を悩ましていた。カイゼルの率いるドイツ帝国陸軍部隊は、強力な無電作戦指令のもと、電撃的作戦を展開していく。その作戦電報の傍受班に属していた情報将校は、連合国軍側の器材の性能が、ドイツ軍の無線機に及びもつかないしろものであったために、暗号解読どころか、無電指令そのものが傍受できないという苦境に立たされていたのである。」(「電波かくたたかえり—2」『調査情報』第二一一号、一九七六年一〇月、四五頁)。

(12) 今井、前掲書、九八頁。

(13) イギリスの独占体制にもかかわらず、ドイツ等がそれに対抗してこのように無線電気通信を利用＝発展しえたのは、無線電気通信が有線電気通信に対してもつ技術的特性から派生するところのつぎのような事情にも負っていた。すなわち、「始点、終点、そして中継点と各点を一本の線でつなぐ有線電信方式下にあっては、それぞれの線の持主の領土というか、その支配の及ぶ限界は明確に規定され、また区分することが可能で……、これを冒し敢て侵入しようとするものに対しては、法律であれ、軍事力であれ必要な手段に訴えてでもそれを排除することができた。……しかし無線電信の出現は従来のそうした条件を一変させてしまった。それは他人の家であれ茶の間であれ、その波の届く限りはズカズカ土足で上り込んだ。そしてまたそれを防ぐ手段もなかったのである。」(今井、前掲書、九七頁）。

第二項　アメリカにおける放送業の出現

無線電気通信におけるイギリス独占体制の崩壊する予兆は、ドイツにおける以上の規模を以って、ほとんど同時期、アメリカにも現われた。すなわち、「一九一二年以降になってGE（General Electric）、ATT［AT&T］（American Telephone & Telegraph）、ウェスチングハウス（Westinghouse Electric Corporation）といった大企業が、無線通信工業の分野に進出し……それまで個人の発明家やアマチュアにゆだねられていた技術開発が、組織と資金の点で強みをみせる企業の研究所に全面的に移行する過程で、この分野で個人が発明考案していた基本特許、例えば三極真空管、フィードバック回路などの特許が、大企業の手によって次々に買収され、それらは商戦上の武器とな」り、さらに「大資本は、安定した持続波を出せる高出力送信機、信頼性の高い長寿命三極真空管、高性能回路などの開発に努力を傾注していた[1]」のである。

このように、アメリカにおいて無線電気通信が発展するためには、まず、個々の小資本に分散されていた個別技術をいくつかの大資本のもとに集中させ、つぎに、集中された技術を各大資本のもとで集積させることが必要とされたのであるが、無線電気通信形態が「無線電信」（＝それ自体で意味をもたない「信号」情報搬送方式）から、より高度な複合技術を要する「無線電話」（＝それ自体で意味をもつ「音響」情報搬送方式）へと展開するためには、ついで、各大資本に集積された無線電気通信技術が、個別資本の枠を越え、より大規模な形で再び集中し直されなければならなかった。そして、アメリカの無線電気通信におけるこの集積技術の再集中（＝無線電話の技術的完成）の必然性は、第一次大戦を契機として成熟してくることになるのであるが、[2]その場合、各大資本の技術を連繫せしめるものとして国家権力の媒介が必要とされ、かような電気通信資本に対する国家独占資本主義的国家関与の形態は、まず、アメリカ政府（＝大統領）の電波政策として現われた。すなわち、アメリカ大統領は、すでに「一九一二年無線電信法」[3]The Radio Act of 1912において、非常の際にはすべての無線を停止し、通信機器を除去し、また、正当な補償のもとに当該私設通信施設を各省に使用させうる権限を付与されていたが（Sec.2）、第一次大戦勃発（一九一四年七月）後の一九一四年八月、同権限に基づいて、大統領は交戦国の利益となるような通信（＝送受信）をすべて禁止し、[4]同年九月には対欧通信を確保するため、高電力送信機を海軍長官が徴用することを承認し、[5]さらに、国防・海軍両省によるいっさいの無線局の検閲をも認可したが、第一次大戦へのアメリカ参戦（一九一七年四月）後は、前記両省の使用に係る以外の無線局はすべて閉鎖するところとなった。[6]そして一九一八年七月に至り、アメリカ議会は、両院合同決議を以って、大統領に対し、戦争継続中におけるすべての電気通信施設（＝電信、電話、海底線及び無線通信施設）の財産権、支配権及び運用権を徴用する権限を付与し、[7]これによって、あらゆる電気通信施設が政府の管理下に置かれることとなったのである。[8]

第一次大戦中におけるこのようなアメリカ政府の電波政策（＝電気通信資本に対する国家関与）

を通じて、各大資本に集積された無線電気通信技術は国家権力を媒介として再集中されるに至り、その結果、第一次大戦終結時（一九一八年一一月）におけるアメリカの無線通信技術の水準は飛躍的に向上することになった。[9]そしてさらに、アメリカ政府は、戦後生産諸力の発展に照応する新しい（物質的）交通形態たる無線電気通信、とりわけ無線電話の発展にとって当面の障碍となっているイギリス（マルコーニ社）の無線電気通信独占に対抗する方針を以って臨み、[10]GE社によるアメリカン・マルコーニ社の買収を援助した。さらに同政府は、第一次大戦中に促進された各大資本における集積技術の再集中をなおいっそう促進することを目的として、旧アメリカン・マルコーニ社の施設を基礎としてＲＣＡ社 Radio Corporation of America の設立を押し進めたが、[11]このような動向に呼応して、一九二〇年一月、ＡＴ＆ＴによるＲＣＡ社への資本参加を以って無線トラストが形成され、さらに同年七月、ＡＴ＆ＴとＧＥ社間、及びウエスタン電気会社 Western Electric Co.（ＡＴ＆Ｔ社系、一九一五年設立）とＲＣＡ社（ＧＥ社系）間において無線通信機器に関する所有特許権の交換使用協定が調印された。[12]そして、このような過程を通じ、アメリカにおける無線電気通信形態は無線電信から無線電話へと展開し、かくてようやく、無線電話の展開形態である「放送（＝放送無線電話）の技術的基礎が完成されるに至ったのである。

さて、はじめは一対一の「個別通信」individual communication 手段として登場した無線電話を、さらに一対多数の「衆合通信」mass communication 手段として、すなわち「放送」無線電話として利用することは、アメリカに無線電話が出現して以来、しばしば実験的に試みられてきていたが[13]、しかし、そうした実験放送は、当時の社会経済的＝技術的諸条件の未成熟性によって規定され、業としての放送を産みだすまでには至らなかった[14]。

ところで、アメリカにおいて第一次大戦を契機に国家権力を媒介として行なわれた無線電気通信における集積技術の再集中は、これまで見てきたように個別通信たる「無線電話」を出現させ、衆合通信たる「放送」（＝放送無線電話）の技術的基礎を完成させるに至ったが、しかし、放送が業として成立するためには、単にこのような技術的条件を満足させるだけでなく、さらに、それを可能とするような社会経済的諸条件が成熟していなければならなかった[15]。そして、放送業を成立させるに足るこの社会経済的諸条件は、私的無線局に対する「一九一二年無線通信法」のきわめてゆるやかな許可基準に支えられ[16]、第一次大戦の終結を契機として急速に発展してくることになる。すなわち、それら諸条件は、第一次大戦中に無線電気通信の軍事的必要性の増大に対応して拡張されていった通信機器の「軍需」的市場の市場構造が戦争終結によって崩壊し[17]、それにともなって戦後における電気通信資本が「軍需」に代わる新たな市場＝「民需」（放送用受信機）の創出へと向かうという事情のもとに成熟せしめられたのである[18]。

こうして、第一次大戦後急速に成熟してきた放送業の成立諸条件（＝社会経済的諸条件とそれに規定された技術的条件）は、一九二〇年一月におけるＡＴ＆ＴによるＲＣＡ社への参加、及び同年七月におけるＡＴ＆ＴとＧＥ社間の特許交換使用協定調印を前後として極点に達したが、まさにそのような時点において、業としての放送を産みだすに至る直接の契機を成したものは、ウエスチングハウス社副技師F・コンラッドFrank Conradのアマチュア無線局（一九一二年ピッツバーグに開局、のち「戦時特例」により中断、一九二〇年四月に8XK局として再免許）による音楽放送にほかならなかった。すなわち、8XK開局後間もない一九二〇年五月にコンラッドがアマチュア無線局として送信を開始したレコード放送は、すでに存在していた相当数のアマチュア無線家[19]（＝私設無線局）によって歓迎されるところとなり[20]、その結果、ピッツバーグ市における放送用受信機の需要が増加（→ウエスチングハウス社の売上げ増加）せしめられた[21]。そして、このような事情を反映して、同年九月二九日付のピッツバーグ・サン紙上にホーン百貨店の広告──8XK局の放送を受信しうる放送用受信機の売出広告──が掲載されたが、ウエスチングハウス社は、この広告に触発せしめられ、同社製の放送用受信機の市場拡張のための広告媒体として──いわば自社の広告部門として──放送業を創設すべく決定した[22]。かくて同社は、一九二〇年一〇月一六日、商務省に対してピッツバーグにおける放送局免許を申請し、同免許は、一〇月二七日、「歴史的」呼出符号「KDKA」を以って付与されるに至り、ついに一九二〇年一一月二日、KDKA局は、すでに放送開始を告げるにふさわしい番組として選定していたハーディング対コックスの大統領選挙開票速報を以って放送を開始した[23]。放送局はウエスチングハウス社工場内の高層建築物屋上に設けられた仮小屋を以って充てられ、また、放送室には五〇ワット変調機四基が設置されたが、放送は五百乃至一千人の受信者によって明瞭に聴取され、こうしてKDKA局による放送は、「俄然驚異的無線電話の成功として全米は勿論全地球上に喧伝され[24]」るという反響を引き起こすに至ったのである。[25]

このように、世界最初の放送業者（＝商業放送局）は、アメリカにおいて、第一次大戦後における放送用受信機市場を拡張するための手段—広告媒体—として、すなわち、電気通信機器（放送用受信機）製造業者の補助的事業—広告部門—としてウエスチングハウス社によって産みだされたが、この商業放送局（＝KDKA局）の誕生を契機として、それ以後のアメリカにおいては、「一九一二年無線通信法」における放送局開設の簡便性に依拠しながら、きわめて短時日の間に、「妨害や公衆の必要性など全くかえりみず、採算も考慮せずに至る所に放送事業者が出現」[26]するという事態が立ち現われ[27]、主要な電気通信資本もまた、つぎつぎと放送業に参入していった。[28]そして、当時のアメリカにおけるこのような放送業者の乱立に対応して放送用受信機（＝ラジオ）の需要が喚起され、それによって産みだされた「ラジオ熱[29]」は、「最初は東部諸州に浸潤し、それから中部諸州及び西部へ伝播[30]」する一方、アメリカ全土におけるこの「ラジオ熱」の高揚が放送用受信機製造業者の隆盛を結果した。[31]

ところで、ウエスチングハウス社によるKDKA局の開設を契機としてつぎつぎと産みだされたアメリカの放送業者のうち、「新聞社、ラジオ受信器の製造業者又は百貨店が放送局を運営することは、明に宣伝に依る有償的の利得がある筈で、之を以て放送局の維持費を捻出し得ることも可能であるが、通常の放送局所有者では有償的な利得は全くなかつた[32]」のであって、むしろそればかりか、放送用受信機製造業者の経営に係る放送局の場合においても、それ自体の運営費用が放送事業における「資本の循環」によって充当されるのではなく、放送用受信機製造業者の補助的（副業的）業務——市場拡張手段——として成り立ちうるものである以上、かような形態のもとにあるアメリカの放送業は、それ自身社会的分業の一分枝として自立した一産業部門を形成しているとは言い難く、このことは、一見専業的にみえる放送業者にも言いうることであった。[33]そして、アメリカにおける放送業が一個の独立＝専業的な産業部門として立ち現われてくるためには、何よりもまず、そうした放送業の自立を可能とするような社会経済的諸条件の今後の成熟にまたねばならなかったのである。

注——第一節第二項

（1）ＮＨＫ総合放送文化研究所放送学研究室（以下「放送学研究室」と略記）編『放送学序説』日本放送出版協会、一九七〇年、三四八〜三四九頁。

（2）もっとも、無線電話の実験は、すでに一九〇一年、アメリカのＲ・Ａ・フェッセンデン Reginald Aubrey Fessenden によって行なわれたが、当時における無線電信技術は、いまだ安定した通信を為すにはほど遠いものであった。安定的な無線電話の開発は、ここで述べているように、第一次大戦を契機とした無線電気通信における「集積技術の再集中」によって可能となったのである。（後注（9）参照）。

（3）Public Law No.264, August 13, 1912, 62nd Cong.（37 Stat.302）. なお、アメリカのこの

「一九一二年無線通信法」は、先に述べたイギリスの「一九〇四年無線電信法」同様、「対外的な国家の空間主権が国内的権利関係をも規定する」ことの結果として産みだされたものである。すなわち、「一九一二年無線通信法」は、先の一九〇六年ベルリン無線電信会議において締結され、一九一二年四月にアメリカも調印したところの国際無線協約をアメリカが履行し、且つ、同年に開催予定のロンドン無線会議に備えるについて、アメリカ国内における無線通信法規の不備が露呈するに至ったために制定されたものである、と言われる。（鳥居博『アメリカの電気通信制度』日東出版社、一九五〇年［鳥居①］、九頁）。

（4）Executive Order No.2011.

（5）Executive Order No.2042.

（6）鳥居①、一二頁。

（7）Public Resolution no.38, July 16, 1918, 65th Cong.（40 Stat.904）.

（8）このようにして第一次大戦中アメリカ政府によって徴用された無線機の「その数は他の諸国に存在した無線機の総数を大幅に上回った」と言われる（NHK放送学研究室編、前掲書、三四九頁）。なお、電気通信に対するこのような戦時特例は、一九一九年七月の両院合同決議（41 Stat.157）を以って解除され、戦時中に徴用されたすべての電気通信施設は、一九一九年七月末日現在の状態において原所有者に返還された。

（9）「大戦が起こったころの技術開発上の最大の問題点は、無線の送・受信機というものが、それら諸技術を総合しなくてはできないものであるにもかかわらず、それを可能にする基本特許が各社に分有されていたこと」であり、したがって、「戦争による大量の緊急需要を充足する上のネックにならぬよう、アメリカ海軍は無線特許をできるだけ買い上げることにしたが、アメリカが参戦する段階（一九一七年四月）になると、海軍は国家目的のために、あらゆる発明考案を接収し、特許侵害のことなどまったく無視して、各電機会社の生産力、技術開発力をフル稼働せしめた。このような特許権を一時プールした効果はまさに驚異的で、戦争がおわったときには、アメリカは当時世界で最も優秀な送・受信機を最も大量に供給しうる国になっていたのである。」（NHK放送学研究室編、前掲書、三四九頁）。なお、第一次大戦中におけるアメリカの無線電気通信の重要な技術的成果のひとつとして「信頼性の高い長寿命三極真空管」の開発が挙げられるが、この高性能真空管が無線電話のその後の発展に果たした役割については、つぎの記述を参照のこと。――「無線電信の発明以来、之を無線電話に利用する研究も亦各国に於いて行はれたのであるが、無線電話は減幅電磁波を以てしては之を行ふことが出来ないから、先ず如何にして持続電波を発生し得るかと云ふ研究に各国とも力を注いだのである。……然るに最近の発達にかかる真空管式無線電話は其の発生する電磁波の純粋にして少しも減衰せざる持続性を有し、且つ之を音声にて変調することの容易なることに依り著しく発達し、現今に於いて無線電話として実用化せらるるものは、此の方式より他にない現状になつている。」（逓信省『逓

信事業史』第四巻、逓信協会、一九四〇年、七一〇～七一二頁）。

(10) 第一次世界大戦終結時のウィルソン大統領によるものとされるつぎの記述を参照のこと。――「船舶ではイギリスが卓越し、合衆国はその地位と競争することはできないが、石油においては、イギリスはアメリカの地位に挑戦することはできない。しかし、無線においては、イギリスが現在すぐれており、合衆国はその技術的訓練によって少なくとも対等の地位を得る機会をもつであろう。」（マクロリン『電子工業史』山崎俊男他訳、白楊社、一九六二年、一三〇頁）。

(11)「この会社は、民間資本によるものとはいえ、政府部門に根強かった無線の国家独占に代わる措置として設けられたものだけに、国営に準ずる地位（qusai official status）を占めた。RCA設立が目指していたもの一つは、重要特許を有する企業が特許相互使用協定を結んでRCAに基本特許をプールすることであった。」（NHK放送学研究室編、前掲書、三五〇頁）。

(12)「之に依つて、米国電話電信会社［AT&T］は米本土内に於て、無線電話の独占権を得たものと解せられる。」（岡、前掲書、六〇頁）。

(13) たとえばつぎの例がある。――「一九〇六年（明治三十九年）の降誕祭の前夜、マサチユセツツ州の沖合数百浬の半径内を航行中の船舶の無線通信士は、一様にモース符号のCQを聴取したので、付近に遭難船があるのかと熱心に耳をそばだてた。彼等を痛く驚愕せしめたことは、無線電信機を通じて、人間の音声が聴えて来たことであった。続いて婦人の独唱が聴えて来た。船舶の無線通信士は船員を無線室に呼び集めて、一同此の不思議な声に聴き入った。次いで提琴の独奏が聴え、其の後で男の声で演説が始まり、一同は其の言葉の殆ど全部を解し得た。そして最後に今夜の番組を聴取した人々は、マサチユセッツ州ブラント・ロックに在るR・A・フエッセンデン宛に報告して欲しいとの挨拶が聴えた。此の番組を聴いた船舶無線通信士は相当数に上り、孰れもフエッセンデン宛に報告した。之が世界に於ける最初の……ラジオ放送であった。」A. Harlow, Old Wires and New Waves, p.455.（岡、前掲書、一頁）。

(14) たとえば、デ・フォレスト Lee De Forest によって一九〇七年に設立されたデ・フォレスト無線電話会社 De Forest Radio Telephone Co. の経営もその例外ではなかったが、しかし、同社の行なったさまざまな企業活動と実験とは、当時のアメリカを取り巻く諸事情を如実に物語っていて興味深い。すなわち、「一九〇七年の夏、デ・フオーレスト［フォレスト］は紐育市で約三区画程離れた建物の間で、無線電話の実験を試みた。之が縁となつて、同年夏にイーリー湖上のヨットにデ・フオーレスト式無線電話機を設置したが、米国海軍は其の性能を認めて、二隻の軍艦に設置した。但し、信号範囲は数哩に過ぎなかつた。同年の秋にエヴアンス提督（Robley Evans）は二十四余隻の軍艦を率ひて世界一週の途に上る事となつた。無線電話の熱心な首唱者であつた同提督は兵器としての将来の価値を認めて二十余隻にデ・フオーレスト式無線電話機を設置せしめ……、デ・フオーレスト無線電話会社は無線通信機器の製造販売から収益を挙げるに至つた。そこで同社の営業政策として極めて大胆な計画を立てた。それは巴里へ赴いてエッフエル塔上から無線電話放送を行つて、デ・フオーレスト式無線通信機器の宣伝をすることであつた。……斯くして、一九〇八年の夏に、デ・フオーレストは数名の助手を引具してフランスに向つた。……公開試験の当夜は、デ・フオーレスト及び彼の助手は送信機の所にゐて、パテ蓄音機でレコードをかけた。之が搬送電流に調節された。……無線機を持つ者が全部この放送を受信した。而も想像以上の好結果を得たことは、マルセイユの消印のある手紙が一技師から郵送されて来たが、それに依ると、五百哩の距離に於て番組を完全に受信したとあつた。然し乍ら、社会的には何等の反応もなく、公衆は放送に全く無関心であつた。一九〇六年から一九二〇年にかけてラジオの発明は米国に於ては殆ど知られてゐなかつた。」（岡、前掲書、一七〜一九頁）。さらに、「デ・フオーレストの巴里に於ける試験放送の成功は蓄音機のレコードを使用したもので、言はゞ機械的方法に依つたものである。デ・フオーレストは之に代るに、実際の音楽又は講演を放送する計画を立てた。……一九一〇年の一月初旬に、紐育のメトロポリタン歌劇場（Metropolitan Opera Co.）と交渉して歌劇を放送する協定が成立した。当時の聴取者は無線局又は素人無線家であつて其の数も極めて少なかつたが、デ・フオーレストは出来る限りの宣伝をした。斯くして一月十三日の夜、カヴアレリア・ルステイカーナ（Cavalleria Rusticana）と道化師（Pagiacci）の一部が放送され、エンリコ・カルーゾ（Enrico Caruso）は前者に出演した。此の時の試験放送の結果は、批評が区々で孰れが真実か明言できない。……孰れにせよ、此の放送は研究室的の試験を公開した程度であつたから、ラジオの将来を暗示するに止まつたものであらう。然し乍ら、従来の素人無線家が無味乾燥なモース符号を相手としてゐた際に、人間味のある音楽が聴取出来ると云ふことは、彼等に大きな刺激を与へずには置かなかつた。併し公衆が一般にラジオといふ名称に親しむ様になつたのは、それから十年後のことである。」（岡、前掲書、二〇〜二一頁）。また、アメリカン・マルコーニ社のD・サーノフDavid Sarnoff は一九一五年、無線用受信機市場の拡張を目的とした放送業の創設を同社に提言したと言われ（Memorandum proposing a radio receiver to bring news and music into the home, with the radio set, a household utility in the same sense as the piano or phonograph,1915,in Sarnoff D.,Looking Ahead : The Paper of David Sarnoff,1968, pp.31-32）、ついで一九一六年には、デ・フォーレストが放送業の成立する可能性に着目したと言われる——「一九一六年の夏と秋の二回に亘つて、デ・フオーレストは紐育のコロンビア蓄音機会社の研究所から同社の新発売のレコードを放送し、ホテル・アスターの晩餐に賓客を招待して、食卓上に戴頭受話器を置いた。放送番組は力強く清澄に聴取することが出来た。此の時デ・フオーレストはレコードに吹き込む芸術家の実際の演奏をラジオで放送すれば、公共的業務として成立するかも知れないと考へた」(岡、前掲書、二二頁)——が、しかし、たとえばサーノフの提言にしろ、「たとえ彼の上司がその案を認めたとしても、それを作る前に解決しなければならない特許問題もあり、それが現実のものとなるには、一九二〇年まで待たなくてはならなかったであろう」(NHK放送学研究室編、前掲書、三八四頁)ことは以下に述べるとおりである。

(15) もちろん、放送業が成立しうるための技術的条件といえども、それ自体、電気通信資本の態様等の社会経済的諸条件に規定されていることはこれまで見てきたとおりである。

(16)「一九一二年無線通信法」によれば、アメリカの無線局及び無線通信士は、一州内の通信に使用するものを除き、すべて商務長官の免許を受くべきことが定められていたが、しかし同法は、商務長官に規則制定権(=自由裁量権)をあたえず、免許も同法付属の規則にしたがって付与されることが規定され、同法のもとにおける無線局の設置は、事実上届出制に近いものであった。

(17)「米国に於ける二大電気機器製造会社であるジエネラル電気会社とウエスチングハウス電気及製造会社は、電気及製造業界に於て互に競争者であつた。世界大戦の勃発以来、特に米国が参戦してからは、連合国及び米国政府の発注品の製造を引受けて繁栄産業の代表的なものとなつた。世界大戦は武器としての無線通信機の性能を認め且つ之を多量に要求するに至つたので、両者の研究所は四年間、無線通信機器の実験と完成に多忙を極めた。……世界大戦の終了は両社にとつて、無線通信機器の確実にして安定した市場の急激な喪失を意味し、其の生産を制限しなければならなくなつたので、大打撃を受けるに至つた。」（岡、前掲書、二四頁）。

(18)「大戦中、連合国側に兵器、物資を補給し続けてきたアメリカの軍需産業も、新しい活路を求めなくてはならなかった。アメリカの軍需通信機器産業は、民需に切り替えられ、……アメリカの有力電気メーカーは、急速にラジオの企業化に着手した。」（日本放送協会編、前掲書、八頁）。

(19) たとえそれが個人的趣味や実験的試行であれ、ともかくも「無線電話」が不特定多数を対象とした「放送無線電話」（＝衆合通信）として成り立ちうるためには、それに先立ってあらかじめ相当数の放送受信者の存在していることが前提となるのであるが、「アメリカでは大戦中、兵器としての無線機を操作するために大量の無線技師が養成され……、戦後、彼らの多くが習得した技術を趣味とするようになった」（NHK放送学研究室編、前掲書、三五〇頁）ので、第一次大戦後のアメリカにおいては、もはやかなりの数の放送受信者（＝アマチュア無線局）が想定しうるまでになっていたと思われる。なお、この「放送の出現に起爆剤的な役割を果たした相当数のアマチュア無線家の存在もまた、大戦の落し子である」（NHK放送学研究室編、前掲書、三五〇頁）という点にも留意しておくことが必要である。

(20) 多くの場合、こうした放送(=無線電話)のさまざまな試みに対するアマチュア無線局の反応の高揚は、業としての放送が成立するに際しての先導的指標となったのである。

(21)「最初コンラッドは……単に談話を放送してゐたが、之に厭きたので、娯楽として蓄音機のレコードを放送した。一九二〇年の夏までにコンラッドのレコード放送を喜ぶ素人無線家が次第に増加し、手紙や電話を以て『夕方の或る一定時間に放送してもらいたい。そうすれば近代科学の驚異を友人達に聴かせられるから』との要望を申し出て来た。そこでコンラッドも遂に水曜日と土曜日の午後七時三十分から二時間放送をすると声明した。之に要する新発売のレコードは到底コンラッドの財力を以て購入し得なかつたので、彼は蓄音機商からレコードを借りることを考へた。此の蓄音機商は仲々抜け目がなく、レコードを貸すから、レコードの提供者として彼の店舗の名前をラジオで披露してもらいたいとの理由或る要求をした。恐らく之が最初の広告放送の依頼者であらう。而も聴取者は、コンラッドの放送したレコードを他の販売方法に依るよりも、更に多く買ふ様になつたので、其の蓄音機商を痛く喜ばせた。コンラッドは二回の放送には厭きて来たのであるが、彼の二人の子息……が父に代つて一切の準備を手伝つた。アナウンスをしたり、ピッツバーグ市の芸能者に放送させたりしたので聴取者は急速に増加した。其の結果はピッツバーグに於けるラジオ受信器の需要の増加となつて現はれ、ラジオの附属品を製造するウエスチングハウス会社の売上を増加した。」(岡、前掲書、三三二頁)。

(22) この間の事情について、当時のウエスチングハウス社副社長H・P・デイヴィス Harry P. Davis はつぎのように述べている。――「ピッツバーグの新聞に同地方の或る百貨店がコンラッド博士の放送する番組を受信する為に使用し得るラジオ受信器の売出し広告を出したことは、私の念頭に、従来無線電話を秘密通信の手段として発達せしめつゝあつた努力が間違つてゐたものであり、之に代るに無線電話の領域は事実上、広範囲の広告の一つであり、かつて考案されたことなき同時大量通信の唯一の手段であると云ふ考へが浮んで来た。……若し之を発展せしめ得るならば、無限の機会があると云ふ考へが現はれた。……恰も当時日常的のものとして認められてゐた電信や電話の創設、又は電気を灯火用及び電力として応用したと全く同様の重要性を有する画期的変化を創造する新しい公共的業務を為し得る何物かがあつたことを感じたのである。此の考へに付ては吾人はかつて現はれたことのない大量通信及び大量教育の最大にして、且つ最も直接的な機関を吾人の掌中に有してゐると確信した。無線電話の神秘の魅力と、加ふるに距離を征服する能力は興味を引きつけ、且つ人間の生活に幸福を齎す多くの道を解放するであらう。それは明に全人類に適用される業務形態であり、其の利益を得んとする数百万の人々に対し偏頗な愛好及び代価を要することなく提供し得るのである。此のことから東ピッツバーグに放送局を設置し、此の業務を創始すべき私の決心が生れた。」H. P. Davis, The Early History of Broadcasting in the United States, The Radio Industry, the story of its

development,1928, pp.193-195.（岡、前掲書、三三～三四頁）。かくしてデイヴィスは、彼のこの「決心」をウエスチングハウス社の方針とすべく、前紙に放送用受信機広告が掲載されたその翌日三〇日に社内会議を招集した。その会議の経緯については、出席者のひとりであるS・キントナー Samuel Kintner がつぎのように証言している。すなわち、「翌日デイヴイス氏はコンラッド、チヤップ、シエイラー及び私の四名から成る『ラジオ協議』を開いた。デイヴイス氏はホーン百貨店の広告を読んだと述べ、且つウエスチングハウス会社は東ピッツバーグに放送局を建設し、且つ人々が新聞を読むと同様にラジオを聴取する習慣を得る様に、広告番組を基として毎夜放送局を運営することを提案した。デイヴイス氏は曰く、『若し永久的計画であるか否か不確実のものに付てさへ、ラジオ受信器の売り出し広告を百貨店がするだけ充分の利益があるならば』定期的の放送業務を行ふ経費を捻出するに充分な利益がある筈であり、之に依つて受信器の販売及びウエスチングハウス会社の広告を以て吾社の利益と看取することが出来る』と。」S. Kintner, Proceeding of Institute of Radio Engineers, December 1932.（岡、前掲書、三五～三六頁）。

（23）KDKA局は、放送を開始するに先立って、ピッツバーグ市の新聞に放送の予告（＝前宣伝）をし、また、あらかじめ著名人に放送用受信機を寄贈して放送受信者を作り上げ、これら「社会的に勢力のある聴衆」（岡、前掲書、三六頁）の個人的影響力によって生ずべき受信機市場の拡張を期待した。――「放送局は聴取者がなければ全く無用の計画である。

斯かる新機軸は仮令広告はしても、受信器を有する素人無線家以外の人々が吾社の放送を聴き得ることは少なかつた。そこで吾社は簡単な受信装置を作つて之を友人及び会社の役員に贈つた。斯くして最初の聴取者をつくつたのである。」Davis, op. cit., p.107.（岡、前掲書、三六頁）。

(24) 岡、前掲書、三六頁。

(25) なお、以上のようなKDKA局の設立経緯の背景にあるつぎのような事情にも留意のこと。——「KDKA局を成立せしめた直接的契機は、無線機の小さな広告からヒントを得て、新たな商品市場を作り出すことを狙ったディヴィスの想像力に富んだ決断であったかもしれない。しかし一方において、コンラッドのような試みをすれば、すぐさま大きな反応を引き起こすような状況が、一九二〇年半ばのアメリカに存在していた事実もまた見落としてはなるまい。」（NHK放送学研究室編、前掲書、三四八頁）。

(26) H. L. Jome, Economics of the Radio Industry, Chicago : A.W.Shaw Co.,1925, p.45.（石坂、前掲論文、三五頁）。

(27)「アメリカにおける放送事業の設立にみる異常な発展の背景には、放送局の設置が許可制とはいえ事実上届出制ないしは登録制であり、放送局の設置に規制がなかったという当時の電波政策が大きな力となっていた。」（石坂、前掲論文、三五頁）。なお、一九二一年八月から一九二二年五月までのアメリカにおける毎月の新設放送局数はつぎのとおり

である。――一九二一年八月＝二、九月＝九、一〇月＝一二、一一月＝六、一二月＝三、一九二二年一月＝二六、二月＝一四、三月＝二七、四月＝八八、五月＝九九（各月一日現在）。（岡、前掲書、四四頁）。

(28) たとえば、一九二一年六月にはウエスチングハウス社がKDKA局につぐ放送局としてニューヨークにWJZ局（のちRCA社系）を、また同年一〇月にはRCA社がニュージャージー州ローゼルバーグにWDY局（一九二二年二月閉鎖）を開設した。さらに一九二二年二月にはGE社がニューヨーク州スケネクタディーにWGY局を、また同年七月にはAT&TがニューヨークにWBAY局（のち程なく廃止）を各々開設した（これらの経緯の詳細については本書二〇八～二一〇頁を参照のこと）。因みに「マス・コミュニケーション」（＝衆合通信）mass communication という用語は、このうち、ウエスチングハウス社がWJZ局の施設を発注する際に「マス・コミュニケーションのための無線電話施設」The installation of a radio telephone for mass communication なる文脈において使用したものが最初である、とされている。G. Archer, History of Radio to 1926, 1936, p.217.

(29) とくに一九二二年当時のアメリカにおけるラジオ需要の急激な増加と、それにともなう「ラジオ熱」の凄まじさについてはつぎの例にみるとおりである。――「少くとも夕方の一部を割いてラジオを聴く人々の数が増加した割合は全く測り知れない。其の好い例は、最近受信器を購入しようとした人々は、ラジオ売場で順番を待つ為に幾重にも列を作り、やつと売場に来た時は受信器の予約注文をしなければ手には入らない始末であることに依つて、需要増加が稍々想像がつく筈である。現在は未だ需要が最高潮に達したとは云へないのであつて、未だ尚、或る等比級数を以て増加しつゝある。此の売行が最高潮に達するまでに、又受信器に対する市場が殆んど飽和状態に達するまでには、米国に於ける受信器の数は少くとも五百万箇に及ぶであらう。」Radio Broadcast, May 1922.（岡、前掲書、四四〜四五頁）。

（30）岡、前掲書、五三頁。

（31）「ラジオ受信器及び附属品の製造業者は、恰も戦争が勃発した時の軍需品製造業者の如き状態の下にある。受信器製造業者は受信器に対する凄まじい需要に突如として直面したのである。製造する受信器の型が決定されてゐたとしても、受信器の大量生産の為に準備するには少なくとも数ヶ月を要するのであるが、世界大戦中の飛行機の型と同様に、受信器の型が決定されてゐない。之が為に製造会社は其の研究と、新型の考案と、大量生産とを同時に行はねばならないことになり、而も之等の仕事はすべて政府の取締規則に違反ない様に注意しつゝ、製造企業の組織を作ることと、且つ営業政策を樹立することを同時に行はねばならない状態に在つた。」Radio Broadcast, May 1922.（岡、前掲書、四四頁）。

（32）岡、前掲書、五三頁。

（33）「副業的放送業務を為さず、単に放送の為の放送を行つている放送局所有者にとつては、放送に依る収益は何も得られなかつた。新聞の所有する放送局も、其の収益上から見ると余り満足的なものではなく、而もニュース放送に関しては敵対行為すら新聞業界に起りつゝあつたのである。」（岡、前掲書、六五頁）。

第三項　イギリスにおける放送業の出現

一九二〇年代初頭のアメリカにおける放送業のこのような発展に引き較べ、無線通信機器製造の先発国たるイギリスにおいて、放送業の出現は、いかなる過程をたどってもたらされたか。

まず、一九二〇年に至る当初までの「アメリカの無線通信産業による放送の企業化の動きとその対外的進出が、イギリスの無線通信産業をも刺激し、……アメリカ独占資本の進出に対抗し、併せて技術的な点でイギリスの無線通信産業も決して立ち遅れていないことを、改めて世界に示すため」[1]、一九二〇年代初頭、イギリスのマルコーニ社はチェルムズフォードに出力一五キロワットの無線局を開設し、同年二月二三日から三月六日まで、一日二回、講演と音楽を内容とする三〇分間の実験放送を実施し、「各種の受信機による各地からの受信状況に関する報告を集める」[2]に至ったが、イギリスにおけるこのような放送（＝無線電話）の実験は、その後も引き続き幾度か試みられるところとなった。[3]

ところで、イギリスにおけるその後のさまざまな実験放送（＝無線電話）局の開設申請に対し、一九二〇年当初の一時期、実験免許を付与していたイギリス政府（＝郵政省）は、ほどなく同年中に、「無線信号を送信又は受信のいずれかを目的として設備器具を使用するためには免許状を取得することが必要で、且つこの免許状には、郵政大臣の定めた様式及び条件が付されるものとする」と規定されている「一九〇四年無線電信法」[4]に基づいて放送（＝無線電話）局への交付免許を撤回し、さらにマルコーニ社に対して「実験放送の送信は重要な通信を妨害しているから中止すべきである」と命じるとともに、[5]一九二〇年末のマルコーニ社による常時放送の申請に対しては、「音楽の送信は、なるほど受信者の関心をひき、また楽しませもするということは認めるが、しかし、このようなサービスが必要であるかどうかは疑わしい」と述べてこれを退けた。[6]

以上のように、放送（＝無線電話）局の開設申請に対し、イギリス政府は「一九〇五年無線電信法」を適用法規とする厳格な方針を以ってこれに臨んだが、しかし、その後もマルコーニ社は週一回三〇分程度の「アマチュア無線局向けの簡単な番組」を送信する無線電話実験免許を郵政省に申請し、[7]これはアマチュア局の一般的な支持をえるに至ったが、それに対して郵政省は、一九二一年三月の無線諸協会第二回大会の席上、「申請が、単なる一企業ではなく無線協会のような機関からだされたものであれば、その処理は比較的容易であると言いうるが、それらの可能性を無視し、敢えてマルコーニ社にのみ優先権をあたえることは不可能である」[8]と言明し、この問題はその後数ヶ月間、まったくの「実りなき交渉」に終始したすえ、結局郵政省は、同年八月、マルコーニ社に対してアマチュア無線局向けの無線電信の送信を許可したにすぎなかった。[9]

一方、それとは別に、アマチュア無線局による放送受信活動は依然活発に行なわれ[10]、たとえば「ロンドン地区では、一九二〇年以降何らかの放送の楽しみのなかった夜はほとんどなく、……また、イギリス全土においては、一九二一年末に至るまでの毎晩、活動中の著名なアマチュア局の放送に耳を傾けることができた」と言われ、ことに、イギリス近隣諸国の無線局から送出される放送についてみると、「一九二〇年に始められ、この間ずっと継続されてきたハーグのコンサート放送がイギリスのアマチュア局によって聴取され、また、一九二一年の年末近くにエッフェル塔から放送されたコンサートはイギリスでも聴くことができた」とされるなどの活況を呈していた[11]。そして、イギリスの無線家たちによるこのような放送（ことに外国放送）受信活動の昂揚は、翻って放送送信免許の付与（＝放送局の開設）に対するイギリス政府の制限的な政策をも打破すべきとの要求となって現われた。すなわち一九二一年年末、イギリス無線諸協会（協会数六三、会員総数三、三〇〇人）は、「無線時刻通報や無線電話のような公共事業がわれわれの隣国人の提供するところに委ねられ、また、無線電話による気象通報、ニュース、音楽の送信免許が、国防上支障なく送信しうる能力と意志とを有する諸企業に対して付与されていないということはまことに遺憾である」という主張のもと、郵政省に対して、無線電話（＝放送）局の開設を求めるつぎのような請願書を提出した[12]。

「われわれはつぎの事実を指摘しておこう。すなわち、当協会の会員多数の主たる関心事は、無線界の最新成果たる電話である。そしてともかくもこの無線電話において今もっとも要求されている事柄は、かなりの距離間での音の歪みの修正の如き改善や、明瞭な音声を出すスピーカー等の製作にほかならない。われわれが電話を許可条項のなかに含めるよう要望するのは、主として受信状態を改善しようという科学的な目的に役立てたいがためである。」

さて、無線諸協会によるこのような請願の結果、一九二二年一月一三日、郵政大臣はマルコーニ社に対して、「無線諸協会とアマチュアの利益のために」、チェルムズフォード局から送出される毎週の送信中に一五分の「電話」(=話と放送)を加え得べき許可をあたえ、こうして「週報放送」の形態をとるイギリス最初の定時=公開放送は、一九二二年二月一四日、チェルムズフォード近在のリットル局(マルコーニ科学機器会社 Marconi Scientific Instrument Co. 経営)から送信が開始されるところとなった。[13]

ところで、リットル局の開設はイギリスにおける放送業の成立を意味しなかったのはもちろんのこと、[14]またそれが自立した放送業者へと発展=転化しなかったばかりでなく、[15]業としての放送の成立を直接的に押し進めたと言うこともできなかった。[16]しかし、リットル局による放送開始は、そのときすでに放送(=無線電話)の技術的基礎を確立し終えたイギリスが、一九二二年当初においてようやく放送業を誕生せしめんとする「前夜」に至ったことを示していた。そしてまさにこのようなとき、イギリスの無線機製造業者は「放送業の設立が広範な受信機市場を産みだしたというアメリカの経験に喚起され、……自ら受信機の需要を創出するため、[17]」一九二二年三月までに郵政省に対し陸続として放送用送信局免許を申請するに至ったが、ここにおいてもマルコーニ社は、その所有特許権を背景としながら、[18] 放送事業の独占を通じて放送用機器製造を独占することを目的として、特定受信機（＝マルコーニ社製受信機）の賃借者のみが放送番組を聴取しうるという計画のもとに、[19] 放送局の免許申請を行なった。[20]

さて、マルコーニ社をはじめとするイギリスの無線機製造業者によるこのような放送局開設免許申請の続出によって、イギリス政府は、それまで明示しないままできたところ放送（＝無線電話）局に関する政策に対し、何らかの方針提示を迫られた。そのため政府（＝郵政省）は、この問題について他省庁の意見をも徴するため、すべてを帝国通信委員会に付議せしめ、その結果、同委員会無線小委員会は一九二二年四月末、郵政省に対して概略以下のような勧告を行なった。[21]

（a）イギリス本国に放送局を設置すること。

（b）この目的のために割り当てられる周波数帯を三五〇乃至四二五メートルとすること。

（c）全国をロンドン、カーディフ、プリマス、バーミンガム、マンチェスター、ニューカッスル、グラスゴー又はエディンバラ（ただしどちらか一箇所）、及びアバディーン地域に分割し、各地域に一箇所以上の放送局を設置すること。

（d）各局の電波出力は一・五キロワットとすること。

（e）イギリスの誠実な bona fide 無線機製造業者にのみ放送を許可すること。そのため各業者は郵政省に対して年間五〇ポンドの供託金を支払うこと。

（f）広告放送は許可しないこと。[22]
（g）受信機所有者は年間一〇シリングの免許料金を支払うこと。[23]
（h）放送局に送信が許可されるニュースに関して規則を制定すること。

帝国通信委員会無線小委員会から以上のような勧告を受けた郵政大臣は、一九二二年五月四日、同勧告を採用することを表明するとともに、「私が今やっていることは、申請者――すなわち申請済諸業者――に対して、有効な放送を行ない、独占となる危険を回避し、各局による放送が各々他の局の有効な放送を妨害しないよう、郵政省に参集して協力しあうことを要請することである」と言明し、[24]放送局開設免許申請者を調整するための会議が近日中に郵政省によって召集されるであろうことが示唆された。

一方、多くの無線機製造業者による放送局開設免許申請とそれに対する政府の動向に刺激されたその他の各種諸業者も、同じく放送局開設免許を申請し、[25]それに対して郵政省は、帝国通信委員会無線小委員会の勧告にしたがって、「誠実な」無線機製造業者にのみ免許を付与することを決定し、一九二二年五月一八日、免許申請中の無線機製造業者二四社の出席のもと、郵政政務次官E・マレー卿Sir Evelyn Murrayを議長として免許方針説明会議を開催した。そしてその席上マレー卿は、出席企業に対し、放送局開設免許申請中の企業すべてに免許を付与することは不可能ゆえ、申請諸企業相互間で協調しうる計画を提出するよう要望したが、[26]結局、申請諸企業は、その資本的利害関係に基づいてつぎの二グループに分裂し、[27] この会議においては両者を調整することができなかった。

（a）マルコーニ・グループ：マルコーニ社、ジェネラル・エレクトリック社 General Electric Co.（GE）、ブリティッシュ・トムソン‐ハウス社 British Tomson-House Co.（BTH）等。

（b）反マルコーニ・グループ：メトロポリタン‐ヴィッカース社 Metropolitan-Vickers Co.（MV）、ウエスタン・エレクトリック社 Western Electric Co.（WE）、ラジオ・コミュニケーション社 Radio Communication Co.（RCC）等。

そこで放送局開設免許を申請中の諸企業は、これら両グループの調整を自主的に進めるため、一九二二年五月二三日、電気技術者協会においてIWE社（本書一七二頁注（27）参照）のギル Gill を議長とする免許申請代表者会議を開催した。しかしこの会議においては、当時すでに「マルコーニ社が無線電話に関する多数の主要特許権を所有することを宣言していたので、まずこの特許権問題を解決しておく必要があった」[28] のであるが、当のマルコーニ社は、「他社が同社の特許を使用することを前提として免許を交付されることには同意できないことはもちろん、無線機器に関する特許所有の立場から、必要とする放送局はすべて同社が置局するとの見解を表明して」[29] おり、したがって同会議は、「その所有特許権を他社に提供する際のマルコーニ社側の諸条件をめぐって」[30]難航した。その結果、同会議は単一企業案への調整に失敗して二社並立案にたどり着き、同年六月一六日、その旨郵政大臣に報告するに至ったが、それに対して郵政大臣は、同日、これらふたつの無線機製造業者グループに対してのみ放送局開設免許状を交付することに同意する旨表明した。[31]そしてほどなく郵政大臣は、「これら両グループ共通の、たとえば周波数割当ての如き問題に関する協定案の起草を目的として、[32]」MV社のA・マッキンストリーArchibald MckinstryとマルコーニのG・アイザークスGodfrey Isaacsから成る小委員会を設置したが、そこでの討議は長引いた。

ところで、放送局開設免許を申請したこれらの「無線機製造業者たちの主たる関心事は放送することにあったのではなく、……目的はあくまでも受信機を販売することであり、またそうするためにこそ彼らは放送事業の確立を願った[33]」のであった。したがって、反マルコーニ・グループ側の「無線企業による放送免許申請は、マルコーニ社による受信機の国内市場独占に対抗するためという個別資本の要請にほかならなかった」と言いうるが、一方当時のイギリスは、「工業生産力の低下、金本位制の破綻、ポンドのOvervalued等による国際競争力の弱化のもとで、外国メーカーがイギリスのメーカーの競争しえない価格で製品を供給できたという経済的背景」を有し、そのためこのような情勢のなかで「放送会社を複数設立した場合、一方で国内競争での競争に耐えつつ、他方で外国資本の国内市場への流入にも対処しなければならないという難問に直面」することとなった。[34]

こうして放送局開設免許を申請した無線機製造業者たちは、結局は受信機市場の創出という相互に共通する目的のために個別資本の利害を捨象せざるをえなくなり、また、先に設置された「小委員会の長い討議の過程においても二社を併立させることの困難性が次第に明白となったので、二人の委員は単一会社を結成すべく交渉を重ね、その結果、ついに彼らは各自の所属グループに対して単一会社結成の基本案を報告しうるまでに至ったが、結局同案は、最終的に両グループにおいて同意された[35]」のであった[36]。そして、単一放送会社結成協定はようやく一九二二年八月一一日に取りまとめられ、同月末には定款の原案が郵政省に送付されたが、これを受けて郵政省は、九月一二日、同原案に加えられた郵政大臣の修正案に関して討論集会を開催した。かくて一〇月までに意見の相違はすべて解決され、一〇月一八日、定款原案の承認を目的とする免許申請代表者会議が、約二〇〇社の代表者出席のもとに電気技術者協会において開催されるに至ったが、同会議の席上、議長W・ノーブル卿 Sir William Noble（前記ギルの後任）は、郵政大臣との間で完全に意見の一致を見た旨発言した。そして、放送局開設免許申請中の諸企業は、「事業開始を遅延させることがかなりの非難を呼んだため、放送事業計画の細目すべてが策定＝同意される以前に放送を開始することを決定し、」まずマルコーニ社が一九二二年一一月一四日にロンドンのマルコーニ・ハウスから放送を開始し、次いで翌一五日にMV社がマンチェスターのトラフォード・パークから、IWE社がGE社の援助のもとにバーミンガムからそれぞれ放送を開始し、またそれと同時に同日付で「イギリス放送会社」British Broadcasting Co. が単一独占放送事業体として登記されるに至ったが、同社に対する放送局開設免許状の交付は、ニュース放送に関する同社と新聞社との間の協定締結交渉の延滞等のために引きのばされ、結局、同免許状は一九二三年一月一三日に至って交付され、ここにおいてようやくイギリスに専業＝独占的放送業者が出現することとなったのである。[37]

さて、イギリスにおける「放送事業計画」the broadcasting scheme はイギリス放送会社（以下しばしば「会社」と略記）を中心として策定され、それは、①郵政大臣から「会社」に交付された免許状、②「会社」の組織定款と組織規約、③「会社」とその構成諸企業との間の協定、の三点より構成されていた。そのうち「会社」の組織定款の変更は郵政大臣の承認なくしては為しえないことが免許状に明記され、組織規約の重要な変更はその組織定款一箇条にしたがってのみ可能であるとされていた。さらに、「会社」とその構成諸企業との間の協定はひとつの表として免許状の中に記載され、いずれにしても「放送事業計画」の「いかなる諸規定も、結局、その重要事業の変更については郵政大臣の同意が必要とされていた」のであった。[38]

①郵政大臣から「会社」に交付された免許状

こうして、「郵政大臣をして相当の満足を得せしめるに足る放送番組を有効に送信しなければならない」とされて発足したところのイギリス放送会社は、「放送事業計画」における放送局開設免許状によって、以下のような概観をあたえられていた。[39]

(a) 免許期間：一九二三年一一月一日乃至一九二五年一月一日。
(b) 使用波長及び出力：三五〇乃至四二五メートル、三キロワット以下。
(c) 放送時間：平日は五時乃至一一時、日曜日は随時。
(d) 運営局数：八局。
(e) 郵政大臣の監督：郵政大臣は設備の検査を為し、また緊急の際には放送局を占有しうること。
(f) 「会社」の義務：政府各省庁の要求がある場合、「会社」は、政府広報、気象通報、公示等を放送番組の一部として送信すべきこと。
(g) 放送事項に関する制限

i ニュース送信に関し、「会社」は、次に掲げる通信社から提供されるものを除き、ニュース若しくはニュースの性質を有する報道を放送すべからざること。(40) ロイター社 Reuters Ltd.、プレス・アソシエーション社 Press Association Ltd.、セントラル・ニュース社 Central News Ltd.、エクスチェンジ・テレグラフ社 Exchange Telegraph Co., Ltd.、並びに郵政大臣の認めたその他の通信社。

ii 広告に関し、免許された設備を用いて伝達事項を送信する場合、「会社」はいかなる人からも金銭その他の報酬を受くべからざること。或いは、「会社」以外の人によって提供若しくは制作された音信又は音楽を放送事項として伝送すべからざること。なおこの条項は、「会社」が何らかの金銭的負担をともなわず、放送を目的として、コンサート及び劇場興業若しくはその他公衆に供せられる事項を放送に使用することを除くものと解釈されざること。(41)

②③ イギリス放送会社は、「放送事業計画」における「会社」の組織定款と組織規約、並びに「会社」とその構成企業との間の協定等によって、以下のような性格をあたえられていた。(42)

(a)「会社」の資金はつぎの三つの財源から構成される。

i 資本金一〇万ポンド：「会社」の資本はイギリスの無線機製造業者によってのみ出資され、彼等のみが社員となり得る。「会社」の株式資本金は額面一ポンドの累積配当普通株一〇万株から成る。そのうち「放送事業計画」の起草に関係した主要六社(43)は各一万株を出資し、六社合計で六万六株以上を保有し得ない。また、イギリスの他の無線機製造業者も、最低一ポンドの株式に応募し、「会社」との協定に加入することによって社員となることができるが、全応募株が発行株式資本たる一〇万株を越えた場合には、一〇万株以上の持株すべては持株全体が一〇万株となるまで比例減額せられるものとする。なお、株の利益配当は最高限度年間七・五%とする。また、社員は郵政省に対して年額五〇ポンドの供託金を納付しなければならない。

ⅱ　放送用受信機並びに同部品の特許使用料：「会社」の各出資企業は、放送用伝送に必要なすべての特許を無償でプールし、協定に規定された基準に基づいてすべての放送用受信機とその主要部品の価格に含まれる特許使用料を、その販売額に応じて「会社」に納付するとともに、放送用受信機としてイギリス製の部品を使用せざる機器を販売しない旨協定する。[44]

ⅲ　受信免許料の分配金：放送受信者は、郵政省が交付する受信免許状に基づき、郵政省に対して、受信機一台につき年間一〇シリングの受信免許料を納付しなければならない。郵政省は、納付せられた受信免許料のうち、その総額の五〇％を分配金として「会社」に交付することとする。[45]なお、放送受信者は、受信機として「会社」の出資企業が製造した製品を使用しなければならない。[46]

（b）「会社」の取締役は定員を六乃至九名とし、そのうち六名が主要六社から、また二名がその他の出資企業から選任されるものとし、取締役会は、別に社長たるべき取締役を選任できるものとする。

ところで、以上のようなイギリス放送会社の「放送事業計画」において、同社が放送事業の独占権を有するという規定は存在しなかった。しかし、イギリス放送会社の設立に至る間、郵政省が放送事業の単一企業案を支持してきた経緯を背景として、[47]同社の役員は、イギリス放送会社に放送事業の「排他的独占権」exclusive licence、換言すれば「道義的独占権」moral monopolyが付与されているものと解釈した。実際、マルコーニ社等の主要な無線機製造業者六社による特許＝販売協定を軸とするカルテル的結合に基づいて設立されたところのイギリス放送会社に対抗し、同社の管理する特許権に抵触せずに他の者が放送業を営むことは事実上不可能だったのであり、したがって、「法的条件はともかく、実質的にはある種の独占権がイギリス放送会社の設立に際して同社に付与されたものと見なされ、事実またそうなった」[48]のであった。そして、このような専業＝独占的放送業者たるイギリス放送会社は、その財源の一部として政府（＝郵政省）から放送受信免許料の分配金を交付され、また同社の出資企業は、事実上、自らの製造に係る放送用受信機の国内市場における独占権を政府によって保証せられるなど[49]、いずれにしてもイギリス放送会社そのものは、「放送事業計画」における電気通信機器諸資本間の特許＝販売協定という カルテル的結合が、放送受信者の負担に基づき、国家によって補強せしめられた国家独占資本主義の具現的形態にほかならなかった[50]。したがって、イギリス放送会社の財源が、放送事業にともなう「資本の循環」の結果として内在的に産みだされるものではなく、同社の出資企業から納付せられる放送用受信機器の特許使用料や郵政省から交付せられる放送受信免許料の分配金などのように外在的に付与されるものである限り、あるいはまた、同社が、電気通信機器製造業者による放送用受信機の市場拡張手段（＝補助的事業）としてはじめて成り立ちうるものである限り、イギリス放送会社は自立した放送業者であるとは言いえなかったのであり、その後のイギリスにおいて自立的な放送業者が出現することになるか否かは、放送を社会的分業体系の一分枝として必要とするような社会経済的諸条件がイギリスに存在するか否かに依ることとなった。

注——第一節第三項

（1）石坂、前掲論文、三四頁。
（2）R. H. Coase, British Broadcasting : A Study in Monopoly, London : Longmans,1950, p.4.
（3）一九二〇年初頭のイギリスにおけるこうした無線電話の実験は、確かに一対多数の「衆合通信」mass communication たる「放送無線電話」の性格を有してはいたが、しかし、その場合に想定された受信者は「不特定」多数ではなく「特定」多数であり（「初期の実験は、特定の場所に向けられた送信に係わるものであり、その目的は放送することではなかった。」Coase, op. cit., p.23.）、その限りでは厳密な意味での「放送」の開始を告げるものとはなりえなかった。
（4）「一九〇四年無線電信法」の成立経緯については、本書一二六頁注（8）を参照のこと。
（5）P. P. Eckersley, The Power Behind the Microphone, p.38. なお、マルコーニ社に対するイギリス政府のこの命令のなかで、実際に「実験放送」experimental broadcasting という用語が使用されていたかは疑わしい。すなわち、イギリスでは「放送」（＝放送無線電話）を意味する言葉として、当初は wireless（アメリカではそれに類する言葉として radio）という用語が使用されていたが（イギリスにおける wireless の使用起源については、本書一二五頁注（1）を参照のこと）、その後、イギリスで「放送」を意味する言葉としてbroadcastingという用語がはじめて使用されるに至った（ただし当初は「放送」無線電信を指す）のは、一九二一年頃であったとされているのである。――「〝ブロードカスト〟（Broadcast）がイギリスで初めて〝放送する〟という意味に使われたのは一九二一年で、当初は海上の各艦船に〝返事なしに一方的にメッセージを送る〟ことを意味したという。」（日本放送協会編、前掲書、九頁）。因みに、わが国においても「放送」という用語は、当初はイギリスにおけると同様（ただしイギリスに先んじて）船舶局に対する「放送無線電信」の意味で使用されたと言われる。すなわち、「置局船の三島丸は、ケープタウン廻りの欧州航路に就航していた。恰も第一次大戦の真最中で、……大正六年（一九一七年）一月、それも松の内に横浜を出帆した航海の時であった。コロンボを出て南へ二昼夜走った晩に、受けたのが『アフリカ沿岸にドイツの仮装巡洋艦が出没しているから警戒せよ』という意味の送信である。ケープタウン附近のイギリス海軍の根拠地かららしかったが、それは旧来慣用の探呼符号CQを前置して、応答を待たずに送って来た。相手が判明しないから受信証は出せなかったのである。無線局には、航行中の作業状況を詳細に記録して本省へ提出する通信日誌というものがあって、ブリッジの航海日誌にも匹敵する重要書類とされていた。このような受信証を出せない受信を、それに何といって記載したらよいか考えた挙句、ただ送り放しであることから、これを『かくかくの放送を受信した』

と表示することにした、というのである。」通（中村寅市「インド洋で生まれた電気通信用語〝放送〟」逓信外史刊行会編『逓信史話』上巻、電気通信協会、一九六一年、五三二〜五三三頁）。そして、この「放送」という言葉がわが国の通信法規上の用語として明文化されるに至ったのは、一九一九年（大正八年）、逓信省通信局電信課の小松三郎の立案に係るところの「無線電報取扱規程」改正においてであり、それは、「海岸局で、各艦船宛の気象報を伝送するのに、従前、各艦船の個々に送信して、いちいち受信証をとっていたのを改めて、一定の時点に一般呼出符号QSTを前置して、その通信圏内の全船舶に向って、同時、一斉に送信することとし、これを『放送ス』と規定した」（中村、前掲書、五三二頁）ものであった。さらに、わが国においても、放送局を開設せしめることが検討されはじめた一九二二年（大正一一年）春、逓信省が、この無線電話の新たな形態を制度化するための大綱の原案を作成するに際し、同省通信局議において、broadcast なる英語の邦訳として、「従来、無線電信に用いられていた、放送という用語が妥当である」としたことが、わが国において、「放送」という用語を、現在のような「放送無線電話」の一般的用法として使用した最初であるとされている。（中村、前掲書、五三二頁）。

（6）Coase, op. cit., p.24.

（7）ただしマルコーニ社は、この「無線電話」の送信免許申請によって業としての「放送」の成立を企図したのではなく、それはさしあたり「アマチュア局向けの実験」を目的としたにすぎなかった。Coase, op. cit., pp.6-7.
（8）The Wireless World, April 16th, 1921, p.51.
（9）Coase, op. cit., pp.6-7.
（10）「当時のアマチュア局の活動の規模を示す指標としては、一九二一年初めの時点での送信免許数一五〇、受信許可免許数四、〇〇〇強という数字が挙げられる。」Coase, op. cit., p.5.
（11）Coase, op. cit., p.5.
（12）Coase, op. cit., p.5.
（13）Coase, op. cit., pp.7-8.
（14）「イギリスにおける最初の正規の放送局はリットルにおいて設立されたものである。しかしながらその主たる目的はアマチュア局の実験を援助することであって、放送事業を営むことではなかった。」Coase, op. cit., p.8.
（15）リットル局による週報放送は一九二三年一月一〇日を以って中止された。Coase, op. cit., p.8.
（16）「もしリットルのことがなく、またリットルが一般の関心を刺激しなかったならば、放送はイギリスに訪れなかったであろうと主張する者が多い。私はリットルの職員であったし、また送信の芸術的、技術的側面の責任者でもあった関係上、この意見には頗る嬉しくなるのであるが、しかし、そうだという確信をもつことはやはりできない。」P. P.

Eckersley,Captain Eckersley Explain, a Reply to his Numerous Correspondents, 1923, p.2. 言いかえれば、「リットル局の設立は、時間的には放送事業の成立を先取りしてはいるけれども、しかし、それによって放送事業の成立しうる条件が整えられたり、促進されたと言うことはできない。せいぜいのところそれは、リットル局による送信という実例が、放送事業を成立せしめるための交渉の過程を容易ならしめることにおいて若干の効果があった、という程度にすぎない。」Coase, op. cit., p.8.

(17) Coase, op. cit., p.9.

(18)「放送用送信局を開設するためにはマルコーニ社の特許のいくつかを使用しなければならないと思う。これらの特許が有効であるか否かについては、これまで法廷で争われたことはなかったが、それを使用しなければならないのは事実であろう。そしてともかく、イギリスにおいて、送信局はマルコーニ社の独占するところとなるであろう。」The evidence of Mr. E. H. Shaughnessy to Sykes Committee, June 14th, 1923. そしてこの時期、マルコーニ社はあたかもこの予言を裏書きするかのように、放送に関連する多くの主要特許の支配権の保持を宣言した。Coase, op. cit., p.10.

(19) マルコーニ社専務取締役G・アイザークス Godfrey Isaacs は、特定受信機の賃貸に基づくところの同社のこの放送計画の根拠について、つぎのように述べている。すなわち、「機器の技術的改良はつぎつぎと為されることになるのだろうが、ひとたびある人が機器を購入してしまった後、すぐそれよりも良い物を求めなければならないとしたら、彼は満足感をもつことはできないだろう。」The Times, April 1922, p.12.（傍点引用者）。なお、マルコーニ社のこの放送計画に見られるような、その所有特許権を背景として受信者に自社製受信機を賃貸せしめ、それを通して単に無線機製造を独占するにとどまらず、無線電気通信（＝情報搬送）事業をも独占するに至るという経営の展開方法は、先に見てきたとおり、すでに一九〇〇年に設立されたマルコーニ国際海上通信会社（マルコーニ社系列）による対船舶局（＝無線電信局）経営において為され（本書一二五頁注（3）参照）、一定の経営成果を得てきたものであるが、同じくマルコーニ社が新たな事業たる放送を開始するにあたり、同社のこのような過去の経営経験を参酌したであろうことは想像に難くない。実際、R・H・コースはこの点について、「私がマルコーニ社から聞いたところによると、現時点におけるマルコーニ海上会社 Marconi Marine Company の重要な活動は、船舶用無線機の賃貸と保守とにあって、船主は無線機の直接購入よりもこの措置の方を歓迎しているということであり、おそらくこのことがアイザーク氏の見解に何らかの影響をあたえていよう」と述べている。Coase, op. cit., p.9.

(20) マルコーニ社のこのような計画に対しては『タイムズ』紙に抗議文が寄せられたが、そこで筆者（H. H. Brown）は、「一企業に特権的地位を付与するよりも、むしろ〝放送〟局 'broadcasting' station の経費を賄うに足る年間〝受信〟免許料金を徴収すべきであろう」

と述べている。The Times, April 25th, 1922, p.12.

(21) 帝国通信委員会無線小委員会は一九二二年四月五日と二二日の二回開会され、その報告書は公けにされなかったが、同小委員会による勧告の内容は、五月四日の下院におけるケラウェイ F. G. Kellaway 郵政大臣の演説と、同年五月八、九両日の『タイムズ』紙掲載の帝国通信委員会無線小委員会委員長ヘンリー・ノーマン卿 Sir Henry Norman の論説とを総合することによって推定できる。以下の勧告内容は、その推定に基づいて導出されたものである。Coase, op. cit., pp.10-11.

(22) この一項の存在は、逆に、当時のイギリスにおいてすでに放送を広告媒体として利用しようとする動きのあったことを示唆している。事実ノーマン卿は、前記『タイムズ』紙上において、「もちろん、大規模小売商は、自社扱いのタフタ織や絹網布、さらにはシャツや靴の長所やその安価な点を宣伝したがっている」と述べて、そのことを裏付けている。しかし、広告媒体としての放送利用という方向性は、その時点のイギリスにおいて、たとえば郵政省のある役人のつぎのような言明、すなわち「放送の如き重要な業務は、宣伝用のおしゃべりに利用されたり、あるいは他の情報手段によって充分間に合っているはずの広告的目的に使用されたりすべきではない」という発言において否定され(The Times, April 7th, 1922)、またノーマン卿もこの言明に添って、「広告を放送する余地はまったくない」と語っている。そして、当時のイギリスにおける広告放送の可能性は、単にこのような政策的方向性の点においてのみならず、その客観的(=社会経済的)諸条件の点においてもまた未成熟な状態に留まっていた。

(23) 受信免許料の性格については、同じくノーマン卿が、「これは、必要なときに受信機の所在地を確認したり、使用者に対して準拠すべき条件を知らせるために不可欠なのである」と発言しており(The Times, May 5th, 1922, p.7.)、その限りにおいて受信免許料は、放送局経営の財源として考えられてはいなかった。

(24) A speech of the Postmaster General, Mr. F. G. Kellaway, in the House of Commons on May 4th, 1922. なお、この言明による限り、この時点における郵政省の政策として、放送事業が単一企業によって独占的に運営されるべきであるという方向性を明示するまでには至らなかった。そして「一九二二年五月初旬当時において、放送局はさまざまな無線受信機製造業者によって独立的に運営されるべきものであると、少なくとも官辺筋以外の人々には思われており、たとえば、現政府の政策に関してよくその事情に通じているはずのヘンリー・ノーマン卿ですら、『各局が各々独自の放送を実施すれば、自ずと最も魅力ある番組を提供しようという競争が生じることになるであろう。なぜなら聴取者は、最も明瞭な方式で最良の番組を提供する企業こそ、良質の受信機を製造する見込みが強いと判断するだろうからである』と述べていた。」Coase, op. cit., p.11.

(25) たとえばいくつかの大百貨店が放送局開設免許申請を行なった。なお『デーリー・メール』Daily Mailは、一九二二年五月初旬、デーリー・メール＝マルコーニ共同放送事業の設立を提案したが、マルコーニ社の消極的態度と郵政省の反対とによって実現されなかった。Coase, op. cit., p.12. また通信社は、当時、もっぱら放送事業が開始された場合の業界の利害関係を防護することの方に関心を払っていた。The statement of Colonel Joseph Reed, chairman of the Press Association LTD., The Times, May 10th, 1922.

(26) マレー卿のこの言を通し、政府ははじめてイギリスにおける放送事業が単一企業によって独占的に運営されるべきであるという方向性を支持する旨表明したと言いえよう。

(27) これらふたつのグループの構成企業に各々共通する利害関係はつぎのとおりである（石坂、前掲論文、三九～四〇頁）。

① まずマルコーニ・グループ三社についてみると、これらはひとつの真空管製造会社を共有し、したがってそのことを通じた結合関係を有しており、さらにまた、アメリカン・ジェネラル・エレクトリック社の資本支配下にあるＢＴＨ社は、同じくアメリカン・ジェネラル・エレクトリック社がアメリカン・マルコーニ社を買収して設立したＲＣＡ社（本書一三一頁参照）を通じてマルコーニ社と特許権の交換使用協定を締結しており、これら三社はいずれもマルコーニ社を核とした資本的結合関係を有していた。

② つぎに反マルコーニ・グループ三社についてみると、ＷＥ社はアメリカの電気通信独占体ベル Bell グループの製造部門インターナショナル・ウエスタン・エレクトリック社

International Western Electric Co.（IWE）のイギリス支社であり、MV社はかつてアメリカのウエスチングハウス社の所有下にあって、当時は同社と提携関係にあり、またRCC社はMV社によってその株式の一部が所有せられ、同時にRCC社は船舶無線部門においてマルコーニ社と競合関係にあった。したがってこれら三社はマルコーニ・グループに見られるような資本的結合関係は乏しいものの、いずれも反マルコーニ・グループという点では共通した利害関係を有していた。

――ところで、放送局開設免許申請中の諸企業を調整する過程において、このようなふたつの企業グループが分裂＝形成されるに至った背後には、マルコーニ社の動向もさりながら、アメリカにおける電気通信諸資本の競合関係（アメリカン・ジェネラル・エレクトリック社対ウエスチングハウス社、等）がイギリスの放送事業化への動向に投影するなど、その資本的対抗の点で、まさに当時のアメリカの電気通信諸資本がイギリスのそれを凌駕せんとするまでに至っていたという事情が潜んでおり、さながらアメリカ資本の代理戦争という様相を呈していた。

（28）A. R. Burrows, The Story of Broadcasting, p.64.

（29）石坂、前掲論文、四〇頁。

（30）Coase, op. cit., p.13.

（31）この表明は、郵政大臣が複数企業による放送事業運営を全面的に承認するに至ったということをかならずしも意味しない。否それればかりか、むしろ「この言は、無線機製造業者たちが最終的には単一企業案に同調するであろうということを郵政大臣が期待している明らかな証左である」(Coase, op. cit., p.13.) という見解すらある。この点については、後注(36)を参照のこと。

(32) Coase, op. op. cit., p.13.

(33) Coase, op. cit., p.14.「無線メーカーが放送事業へ進出したのは、放送事業の開始により受信機販売市場を開拓、拡大することを目的としたもので、放送事業の設立はその市場政策の一つにすぎなかった。」(石坂、前掲論文、四二頁)。

(34) 石坂、前掲論文、四二〜四三頁。

(35) Paragraph 9 of the statement submitted on behalf of the British Broadcasting Company to the Sykes Committee, May 8th, 1923, by Sir William Noble and Mr. Mckinstry.

(36) 両グループが単一会社案に同調するに至った経緯については、つぎのような見解もある。すなわち、「マルコーニ社は、その特許権占有から他のグループが放送局の設置を結局断念するであろうと考えていたが、他のグループが自ら放送局をつくる準備を開始し特許権訴訟も覚悟していることがわかったので、マルコーニ社が譲歩し、その結果一社設立の合意が成立した。」S. G. Sturney, The Economic Development of Radio, London:

Duckworth, 1958, p.103.（石坂、前掲論文、四〇〜四一頁）。なお、この単一会社案については、当時、郵政省も依然として賛意を表明し続けており、それは、同年八月四日の下院におけるケラウェイ郵政大臣の演説にも示唆されている。すなわち、「多数の企業に放送させることは不可能である。もしそうなればある程度の混信を、それもアメリカで生じた以上のさらに悪化した混信を引き起こすだけである。……それゆえ、もし事態を効果的に進めたいのであれば、諸企業は統合されることが必要であるとされた。イギリスにおいて二四もの企業に放送させることはできなかったし、またその余地もなかった。ということは、放送情報伝達という目的からすれば、たとえどうあれ、可能な範囲で一グループ、一会社にまとまるべきであるということになった。」Parliamentary Debates in the House of Commons, August 4th,1922.（The Times, August 5th, 1922.）

（37）Coase, op. cit., pp.14-15.

（38）Coase, op. cit., p.15.

（39）Coase, op. cit., pp.16-17.

（40）放送事業をめぐる通信社の動向については前注（25）を参照のこと。

（41）この条文によれば、イギリス放送会社は広告放送を行なうことが不可能であったばかりでなく、放送しうる番組も同社自身の費用負担に基づいて制作される「自主制作番組」に限定されていた。しかし、この条文は事実上スポンサー付番組を禁止するものとは解釈されず、実際、一九二三年にハロッズ Harrods の提供に係る番組が放送された。ただし、この放送については新聞所有者協会の立場からリデル卿 Lord Riddell がその合法性に疑問を呈したが、しかしイギリス放送会社は殊更にその放送の合法性を問題とする必要はないと判断した。The evidence to the Sykes Committee, questions 1555-1556.

(42) Coase, op. cit., pp.15-16.

(43) マルコーニ社、ジェネラル・エレクトリック社(GE)、ブリティッシュ・トムソンハウス社(BTH)、メトロポリタン・ヴィッカース社(MV)、ウエスタン・エレクトリック社(WE)、ラジオ・コミュニケーション社(RCC)。

(44)「無線機製造業者がイギリス放送会社を設立したのは、放送を通じて公衆の興味を喚起し、その結果彼らに受信機を購入させることを期待したからであり、したがって『会社』の出資企業は、利潤の源泉を、イギリス放送会社にではなく、受信機販売に求めたのである。」The evidence of Mr. Mckinstry to the Sykes Committee, May 12th,1923,question 589. それゆえ、「無線機製造業者が……特許使用料の納付に同意したのは、この受信機の販売による利潤の獲得を予期してのことであった。」Coase, op. cit., p.16.

(45) イギリス放送会社が「八局を運営し、一定の水準の番組を提供するための経費を負担し、さらに相当の減価償却を差引き、七・五%の配当を支払うためには、年収一六万ポンドが必要」(石坂、前掲論文、四四頁)であるとされ、一方、イギリス国内における初年度の受信機販売予定数は二〇万台であり、したがって、その受信機購入者によって郵政省に納付せられる初年度の受信免許料総額は一〇万ポンド、郵政省から「会社」に交付せられる分配金はその総額の五〇％の五万ポンド（残額五〇％は国庫収入として納付される）となって、これは「会社」の年間予定運営費一六万ポンドの三〇％強に相当する。また、年間予定運営費の残額一一万ポンドは出資企業の特許使用料によって充当しうるものと考えられたが、主要六社は、「会社」の運営費が二年間の免許有効期限内にこの三種の財源のみで充足されえなかった場合には不足額を支弁する旨、郵政省に対して了解をあたえた。そしてこの了解は、免許状の記載事項には含まれないところの「栄誉ある了解」honourable understanding であるとされていた。Coase, op. cit., p.27. なお、「会社」の年間予定運営費は正確には一六万ポンドにとどまらず、それに加うるに、「さらに全国を通じて地方低出力局あるいは中継局、新しい大主力局の設置等を可能とするための予算を考慮し、また番組の増加をも考えると、放送事業の安定には、少なくとも年二五万ポンド以上の収入が不可欠である」（石坂、前掲論文、四四頁）と見積もられた。

(46)「製造業者［六社］が期待したのは、受信機販売の結果生じる利益の増大であった。……したがって、郵政大臣が、イギリス放送会社の出資企業が製造した受信機だけを使用できるということを通常の受信許可の条件とするということが、［六社と］会社との協定の一条項にあったのである。」Coase, op. cit., p.33. また、「放送事業の成立にともなう受信機需要がイギリス放送会社の出資企業の販売額を増加せしめるためには、それに先だってあらかじめ、聴取者が、『会社』の出資企業によって製造された機器とイギリス製の部品しか使用しえないという条件が不可欠なものであり、」(Coase, op. cit., p16) したがって、使用しうる受信機本体は、実験用受信免許の場合を除き、「会社」の証の付されたものに限定された。しかし同時にまた「これらの条件は、放送受信免許状第二五条第三項に定めるとおり、自ら受信機を組み立てる者については適用されないことになっており、……実はこのことが、後に、当初予期しえなかった重大な結果をもたらすことになる。」Coase, op. cit., p.16 and p.27.

(47) 前注(26)、(31)、(36)を参照。

(48) Coase, op. cit., p.18.

(49) 前注(46)を参照。

(50)「受信許可料は国家を媒介とした安定した迂回財源であり、また外国製受信機器の排除は国家による国内市場と自国産業の保護にほかならなかった。それは同時に、戦後経済の全般的衰退のなかで政府の打ち出した保護貿易政策にも合致していた。」(石坂、前掲論文、四三頁)。

第二節　放送業の展開——成立過程——

第一項　イギリスにおける放送業の成立

① イギリス放送会社の諸問題

イギリスにおける専業＝独占的放送業者は、一九二三年一月一三日、「放送事業計画」the broadcasting scheme に基づき、政府によって放送局免許が交付されたイギリス放送会社British Broadcasting Co. をもって出現し、その免許期間は一九二二年一一月一日から一九二五年一月一日までとされていた。

ところで、「会社」は、その発足直後から、いくつかの難題に直面することとなった。

（a）ひとつめは、中小企業者（製造業者及び販売業者）から提起されたつぎのような問題であった。

i　中小企業者は、「会社」が主要六社に支配されていると非難した。たとえば、「会社」は、企業収益を照合するため出資企業の帳簿を調査できることになっていたが、中小企業者は、「会社」のその力が「大企業者に対して中小企業者の取引きの秘密を開示するような方法で行使される」[1]ということを懸念した。

ii 中小企業者は、出資企業に課された年額五〇ポンドの供託金の負担が過大であるとして、これに反対した。(2)

iii さらに、「放送事業計画」における「会社」の資本金の財源の項で、「『会社』の資本はイギリスの無線機製造業者によってのみ出資され」と規定され、(3)「会社」の出資企業から販売業者が除外されていることから、中小の販売業者がこれに反発していたであろうことが推察される。(4)

（b）ふたつめは、既製の部品を使って受信機を製作する「実験免許の自家組立者」と普通免許も実験免許もともにもたない「無免許の自家組立者」の増加によって引きおこされた「自家組立者」の問題であった。

まず、「実験免許の自家組立者」については、「放送事業計画」において、「放送受信者は、受信機として『会社』の出資企業が製造した製品を使用しなければならない」が、実験者に交付される実験用受信免許（＝実験免許）はこの限りではない、とされていたので、(5)既成の部品を使って自分で受信機を組み立てる実験免許者が増加し、一九二二年一一月一日から一二月三一日までの二か月間における受信免許交付数のうち、普通免許が一二、〇〇〇だったのに対し、実験免許も六、〇〇〇にのぼっていた。(6)

つぎに、「無免許の自家組立者」については、「放送事業計画」において、「放送受信者は、受信機として『会社』の出資企業が製造した製品を使用しなければならない」とされていたが、

「これらの条件は……自ら受信機を組み立てる者については適用されないことになって[7]」いたので、一九二三年三月末における放送受信免許者数が一二二、〇〇〇人だったのに対し[8]、ほぼそれと同時期(一九二三年四月)における「無免許の自家組立者」数は二〇〇、〇〇〇人にのぼると推定された[9]。

そして、このような「実験免許の自家組立者」と「無免許の自家組立者」の増加は、「会社」にとって深刻な問題となって現われた。

i 「会社」にとっての問題として、まず、実験免許であれ無免許であれ、いずれにしても自家組立者は、出資企業を経由して納付される「会社」の財源としての特許使用料を負担しなかったことがあげられる。すなわち、自家組立者は放送用受信機の完成品にかかる特許使用料を負担しなかったが、それのみならず、受信機の主要部品に関しても、それらが外国製である限り、特許使用料を負担しなかった。また、たとえそれらがイギリス製であったとしても、真空管以外の主要部品を細分化することによって特許使用料を負担せずにすんだ。

ii 「会社」にとっての問題として、つぎに「無免許の自家組立者」の場合、無免許であるがゆえに受信免許料を納付する義務はなく[10]、したがって「会社」は郵政省から分配金を受け取ることができず、それが「会社」の減収へとつながったことがあげられる。

② サイクス委員会

《当面する課題》

「会社」が直面したこのような問題を解決するため、郵政大臣の諮問機関として、一九二三年四月二四日、フレデリック・サイクス卿 Sir Frederick Sykes を委員長とする調査委員会が設置された。委員会は、委員長の名を冠して、通称「サイクス委員会」〔以下「委員会」と略記〕と呼ばれている。

委員会は、放送事業に関してさまざまな検討を行ない、一九二三年八月二三日に報告書を提出した。そのうち、先の①のふたつの問題（a）（b）については以下のような検討と報告を行なった。

（a）中小企業者〔製造業者及び販売業者〕から提起された問題については、つぎのような検討と報告が行なわれた。

i まず、「会社」が主要六社に支配されているという中小企業者の非難について。

報告書は「放送事業計画は、通常ならざる力をイギリス放送会社にあたえているのは確かであるが、われわれは、会社がその地位を不適切に使用したといういかなる証拠ももってはいない」[11]と述べ、「会社」がかならずしも主要六社に支配されているわけではない、とした。しかし、「会社」が出資企業の帳簿を調査できることになっていることについては、調査を「会社」が直接行なうのではなく、独立した会計検査官によって行なわれることとした。

ii　つぎに、負担が過大であるとして中小企業者が反対していた年額五〇ポンドの供託金について。

報告書は供託金を廃止すべきであると勧告した[12]。

iii　さらに、「会社」への出資がイギリスの無線機の製造業者に限定され、販売業者が除外されていることについて。

委員会では、「会社の経営においてラジオ製造業者が先導的役割をはたすことが望ましいにしても、なぜ彼らに限定されるのかという理由をみつけられなかった[13]。」そこから、報告書における「会社」の定款の改定案では、「1．わが国における無線機器の販売代理店若しくは小売店は、すべて、現在は製造業者のみが所有する一ポンド株一株を取得する権利を有する。2．新株が発行された時、その募集には一般から応募させるが、既存株主を優先する。3．取締役には新規社員枠を確保する。」と述べ、無線機の製造業者だけでなく販売業者も「会社」の社員（出資者）になることができることとした[14]。

（b）「実験免許の自家組立者」と「無免許の自家組立者」の増加によって引きおこされた「自家組立者」の問題については、つぎのような検討と報告が行なわれた。

i　「会社」とっての問題として、まず、自家組立者が「会社」の財源としての特許使用料を負担しなかったことについて。

これについて、報告書では、「それにしても、既製完成品の受信機使用者が放送事業の費用に見合う特許使用料を支払っているのに、自家製作home-madeや自家組立home- assembledの受信機使用者がそれを逃れるというのは、明らかに不公平であろう。[15]」と述べ、委員会において、「すべての最小部品に標章を付すというのは実行不可能であろうが、一〇種程度の主要構成部品に『BBC』の標章を付して特許使用料を払わせるべきだ、との提案[16]」について検討された。

その結果、報告書では、「(委員会が)これらの部品をためしてみて、これらの部品のほとんどすべてが、標章を付さず、特許使用料を支払わなくても販売できるようなふたつ以上の小さな部品へと簡単に分割できる、と確信した。[17]」と述べるにいたった。そして報告書は、「無標章の部品が使用されるがために受信機［本体］の標章制が困難におちいるのと同様に、無標章の小部品が使用されるがために部品の標章表示制も困難をきたす、というのが明白であると思える。[18]」と述べ、このことから、特許使用料が「会社」の財源として使用されるべきではない、という結論に達した。そして、この特許使用料の廃止は、「会社」の主要出資企業六社の利害にとってはそれほど不都合であるとは言えなかったが、[19]「会社」自体にとっては減収へとつながるものであった。

そこで委員会は、さしあたり「会社」の減収を補填するための財源として、特許使用料にかわるさまざまな方法、すなわち、公的資金、関税および間接税、受信機の製造業者と販売業者に対する免許料、などを検討した。その結果、委員会は、それらのいずれをも「会社」(=放送事業)の財源とすることを否定し、「スポンサー付きの放送番組と広告放送も、会社の収入を補填する手段としてのみ使用されるべきだ。[20]」と結論づけた。

ii「会社」にとっての問題として、つぎに、「無免許の自家組立者」が受信免許料を納付しないため、「会社」が郵政省からその分配金を受け取ることができず、それが「会社」の減収へとつながったことについて。

委員会が「会社」の財源として検討した前記の方法が排除されれば、残された財源は受信免許料だけであった。委員会によれば、受信免許料という方法は、「会社」の財源確保が「視聴者の負担によってなされ、……視聴者数の増加によって会社の収入を増加させるという可能性が、放送事業の運営に改善をうながす要因をともなう、という付加価値を産みだすもの[21]」であり、「会社」の増収へとつながるので、財源として適切なものだ、と考えられた。だから、「無免許の自家組立者」による受信免許料の未納から生じる「会社」の減収を改善する方法は、これまでの受信免許制を、受信免許料の確実な納付を保証するものへと改変することであった。

そして、前記iの結果によって、受信機とその部品の標章表示制が消滅し、特許使用料が廃止されれば、放送受信免許における普通免許と実験免許とを区別することが不要となり、そこから受信免許制が改変され、均一の免許制の導入へと行きつくことになった。

なお、特許使用料の廃止によってこうむる「会社」の減収を補填するため、報告書は、受信機一台につき年間一〇シリングの受信免許料の「会社」への配分が、これまでその五〇％の五シリングであったものを、七シリング六ペンスに引き上げるよう勧告した[22]。

また、委員会の報告書では、放送事業計画において、「放送受信者は、受信機として『会社』の出資企業が製作した製品を使用しなければならない。」と規定された、外国企業に対する「会社」の国内出資企業の保護については、「郵政大臣が交付する免許によって、製造業と無線機器の輸入とを統制しようとするのは原則的にまちがっている。[23]」として、明確な保護策を打ちださなかった。

そして最後に、委員会は、「会社」が報告書で記載された全般的計画等を受け入れるという条件のもとで、「会社」にあたえた放送局免許の終了期限を一九二四年一二月三一日（免許状では一九二五年一月一日）から二年延長して一九二六年一二月三一日までとすることを提案した。

《将来の放送組織の形態》

委員会は、以上のような「会社」の「当面する課題」の解決策を検討しただけでなく、放送組織としてこのまま「会社」を存続させるのか、それとも他の組織形態へ変更するのかという「将来の課題」についても検討した。

その検討のなかで考えられたさまざまな組織形態のうち、委員会は、放送局の国営案ということについてだけは明確に否定し、その理由をつぎのように説明した。すなわち、「政府省庁は娯楽番組を担当するには不適当な機関である。そして閣僚は、政府協定のいろいろな条項について議会で弁明しなければならないということを首尾よく避けようとするであろう。[24]」さらに、「放送されるべきニュースやトークを選択しなければならない政府の一省庁は、政府与党の利益を増進するために、その独自の機会を利用しているという疑惑にたえずさらされることになるであろう。そして、論争を避けて最小限にとどめようとするので、そのサービスは、おそらく耐えがたいほどつまらぬものになる……ことであろう。[25][26]」

そして、将来の放送組織として国営以外で検討すべき形態として、委員会はつぎの選択肢を提示した。[27]

i　イギリス放送会社、若しくは他の機関による大規模放送局の運営。

ii　放送事業を担当する意欲のあるイギリス放送会社、地方企業、地方自治体、無線諸協会、若しくはその他諸団体による個別拠点での種々の小規模放送局の運営。

iii　大規模中央放送局と接続する前項諸団体による小規模放送局（すなわち中継放送局）。

委員会は、放送事業が国の統制に服すべきだと考えてはいたが、その統制のあり方については、委員会とは別に、放送事業の最終的統制者としての郵政大臣を補佐する「放送問題調査会」Broadcasting Boardを設置して検討すべきである、と提議した。この調査会は、郵政大臣が下院議員より指名する議長一名と、主として各種関係団体等から選任する一二名の委員によって構成することとし、その検討事項は、「だれが放送［事業］を運営すべきか、いくつの放送局が運営されるべきか、どのようにして収益を増加させるのか、放送局をいかに配置すべきか、放送する事項の一般的性格はなにか、電波妨害を防止するためにはどのような規則が必要か、というような疑問について［郵政大臣に］助言する」ことなどである、とされた[28]。したがって、委員会は、前記のような「将来の放送組織の形態」の選択肢を提示はしたが、そのうちのどの形態をとるべきかということについては、委員会ではなく、この調査会で検討すべきものだと考えた。

③ 郵政大臣とイギリス放送会社とのあいだの修正協定

サイクス委員会の勧告では、外国企業に対する「会社」の国内出資企業の保護策が講じられなかったので、出資企業と利害が一致する「会社」はこの勧告には同意しなかった。そこから、郵政大臣と「会社」とのあいだで妥協案、すなわち修正協定が登場するところとなった。その修正協定の中心となるものは、現行の放送局免許の有効期間である一九二四年一二月三一日までは、これまでどおり、出資企業の保護策を継続するということであった。

では、この修正協定全体について、前章のサイクス委員会勧告と照らし合わせて見てみよう。

《当面する課題》

（a）中小企業者から提起された問題

i 中小企業者の帳簿の検査を、「会社」ではなく、独立した会計検査官が行なうという点について。

この点については勧告どおりに決した。

ii 中小企業者の負担が過大であるという年額五〇ポンドの供託金を廃止すべきであるという点について。

この点についても勧告どおりに決した。

iii 受信機の製造業者だけでなく、販売業者も「会社」の社員（出資者）になることができるという点について。

この点についても勧告どおりに決した。(29)

（b）自家組立者についての問題
i 自家組立者が特許使用料を負担しないことに起因した特許使用料の廃止について。

特許使用料は現行免許の有効期間中の一九二四年一二月三一日までは継続するが、それ以降は廃止されることになった。(30)

なお、サイクス委員会の報告書では、特許使用料の廃止による「会社」の減収を補填するための財源として「収入を補填する手段としてのみ」認められる、とあいまいな表現にとどまった広告（スポンサー付き番組と広告放送）については、「郵政大臣が定めた条件にしたがい、放送用として大臣が承認した広告を放送することで対価を受けること」を妨げるものではないとして、(31)一定の条件付きではあるが、より明確化された。その結果、一九二四年と二五年には、いくつかのスポンサー付き番組が放送された[32]。

ii「無免許の自家組立者」が受信免許料を納付しないことに起因した均一の受信免許制の導入について。

サイクス委員会の報告書では、外国企業に対する「会社」の国内出資企業の明確な保護策を打ちださなかったということについての「会社」の不満に対し、郵政大臣は、その妥協案として、現行の放送局免許の有効期限である一九二四年一二月三一日までは従来どおり出資企業の保護策を維持する、という方針を打ちだした。その結果、受信免許制度として、その有効期限までは現状どおり普通免許と実験免許のふたつの免許の併用制が継続することになった。それに加えて郵政大臣は、出資企業の保護策の一環として、イギリス製の部品を使用するということを条件に、免許有効期限の一九二四年一二月三一日までに限って、新規の自家組立者に対しては「組立者免許」constructor's licence を、既存の自家組立者に対しては「暫定免許」interim licence を新設することにした。免許料は両者とも年間一五シリングとし、「増額された五シリングは、免許の有効期間中、自家組立者が、放送事業計画の一部として継続している特許使用料を回避する［ことによって生じた］損失額を補填しようとするものであった[33]。」

なお、特許使用料の廃止によってこうむる「会社」の減収を補填するため、年間一〇シリングの普通免許料の「会社」への配分は、サイクス委員会の勧告どおり、五シリングから七シリング六ペンスに引き上げられることとなった。

その結果、受信免許数は一〇日間で一八〇、〇〇〇から四一四、〇〇〇へと急増したが、その増加分のうち、暫定免許は二〇〇、〇〇〇、組立者免許は二七、〇〇〇にものぼった(34)。

また、現行免許の有効期限(一九二四年一二月三一日)後の免許制については、延長免許の有効期限(一九二六年一二月三一日)まで、サイクス委員会の勧告どおり、年間一〇シリングの均一免許制が導入されることになった。そして、この均一免許制の導入は、放送受信者の使用する機器がイギリス製でなければならないという制限がなくなることを意味していたので、それはまた、一九二四年一二月三一日以降は、外国企業に対して「会社」の国内出資企業を保護しない、ということをも意味していた。

その結果、その後「たとえば一九二五年七月の時点では、一、四〇〇、〇〇〇の受信免許数に対して約三、〇〇〇、〇〇〇の受信機が無免許で使用され(35)」るという状況が現出することになった。

《将来の放送組織の形態》

修正協定の当事者は郵政大臣と「会社」であるから、そこには「将来の放送組織の形態」というような、当事者以外にもおよぶ問題は含まれていなかった。しかし、そこには、「会社」による放送事業の独占という、当事者間で協議できる問題は含まれていた。そこで、この点について、修正協定で協議された結果を見てみよう。

さて、この「会社」による放送事業の独占については、修正協定において、現行免許の有効期限である一九二四年一二月三一日までは一定の条件付きながら「会社」の独占を認め、延長免許の有効期限である一九二六年一二月三一日までは「イギリス放送会社の放送局では十分に放送サービスを提供することができないと考えられるような特定の町や地理的不利地区に対して、大臣が、放送サービスを提供するに相応の放送局の増設が必要であると考えた地域。並びに、郵政大臣の設置要求後の相当な期間内に、イギリス放送会社が、大臣を満足させるような放送局を設置・運用できないような地域。郵政大臣は、このような地域において、放送サービスを運用しようとするいかなる者に対しても放送事業免許を付与する権限を有する。(36)」として、郵政大臣が「会社」以外の事業者に対して追加的な放送局免許を付与する権限を有することになっていた。また、延長免許の有効期限後については、郵政大臣はいかなる事業者に対しても放送局免許を付与する権限を有することになった。

その結果、郵政大臣によるこのような権限の行使を回避するため、「会社」が行なった放送可聴地域拡張のための設備投資の増大が、「会社」には大きな財政的負担となった。「たとえば一九二四年、二五年におけるBelfast局やDaventry局などの中央局や、いくつかの中継局の建設だけでも、二、〇〇〇、〇〇〇ポンドを要した(37)」といわれる。しかし、「会社」のこのような努力の結果、放送聴取者数は、一九二三年九月末一八万から、一九二三年一二月末六〇万、一九二四年一二月末一一三万、一九二五年一二月末一六五万、一九二六年一二月末二一八万へと急増した(38)。

また、修正協定では、将来の放送問題のうちのいくつかを検討するため、サイクス委員会で提議された「放送問題調査会」に照応する郵政大臣の「諮問会議」を設置することとした。

以上の郵政大臣と「会社」とのあいだの修正協定を、現行免許の有効期限である一九二四年一二月三一日以降の期間に限って要約すると、「会社は社員の範囲を拡大し、特許料支払制は廃止され、その収入はスポンサー付き番組と放送広告からの資金によって補充された均一の免許料によって産みだされることになった。将来の放送事業組織について、政府は、追加された放送事業者に免許を交付することが自由になった」[39]のであり、修正協議は、大筋としてサイクス委員会の勧告にそったものになったのである。

④ クロフォード委員会

その後、延長免許の有効期限である一九二六年一二月三一日以降の放送事業のあり方を検討するため、郵政大臣の諮問機関として、一九二五年夏、クロフォード・バルカリス伯 the Earl of Crawford and Balcarresを委員長とする調査委員会が設置された。[40]委員会は、委員長の名を冠して、通称「クロフォード委員会」〔以下「委員会」と略記〕と呼ばれている。

委員会に対する郵政大臣の諮問事項はつぎのとおりである。

「現行〔延長〕免許終了〔一九二六年一二月三一日〕後における放送サービスの妥当な範囲並びにその経営、統制及び財政に関して助言すること。委員会は、もし必要なら、放送サービスの利益のためには法的にいかなる変更が望ましいのかを示すこと。[41]」

委員会は、郵政省を代表して事務次官エヴリン・マレイ卿 Sir Evelyn Murray から詳細な覚書を受け取ったが、[42]そのほかラジオ製造・販売業協会・新聞協会・無線連盟など多くの放送関連団体からも意見を聴取した。[43]その結果、いずれの意見も、将来の放送事業形態は単一の機関であるべきであるが、その機関は、「会社」のように放送用受信機製造業者のもとにあるものではなく、もっと広範な基盤に立脚すべきだ、というものであった。

こうした意見をふまえ、クロフォード委員会は、一九二六年三月二日、郵政大臣に報告書を提出した。

まず報告書は、放送事業形態が単一の機関であるべきか否か、という点について、「送信・受信が未統制であるアメリカのシステムはわが国には不適当であり、したがって放送は独占を維持しなければならい、――言いかえれば、組織 organisation 全体が単一の機関 authority によって統制されなければならない[44]」と述べた。そして、その単一の機関が「会社」の存続を意味するのか、ということについて、報告書は、「会社」の免許更新や類似団体設立の勧告は行なわないとして、「会社」の存続を否定した。そして、その単一の機関の法的性格について、報告書は、成文法ないし会社法に基づいて設立される「公的な法人 a public corporation がもっとも適切な組織であると考える」として、その法人の名称を「イギリス放送委員会」British Broadcasting Commission〔以下「放送委員会」と略記〕とすることを提案した。[45]

つぎに報告書は、放送委員会の構成について、理事会は五人乃至七人の理事から成るが、彼らは「音楽、科学、演劇、教育、財政、工業などのような各種の利害関係団体の代表者」からではなく、「利害関係団体とはかかわりのない、見識ある自由人」から構成されるべきであり[46]、「理事会は、公共サービスを促進すること以外には関心をもたないということによって信頼をまねくであろう。[47]」と述べ、放送委員会の理事の構成が、「会社」のような放送用受信機製造業者中心のものではなく、もっと広範な基盤に立脚すべきである、とした[48]。

さらに報告書は、放送委員会と議会・政府との関係について、つぎのように述べた。

「われわれは、放送委員会が行政省庁に適用される大臣の継続的な指揮監督権に服すべきでないことが肝要であると考えてはいるが、郵政大臣は、当然、議会に対して［放送委員会の］政策全般の疑問に答える代弁者であるべきだと思っている。科学の進歩と技術の調和は、国家による厳しい規制と絶えざる監督によって妨げられる。明確に限定された範囲内で、放送委員会は、そこにあたえられた責務を果たすに十分広く、技術的発展と大衆の嗜好の変化にしたがって変形が可能となるに十分柔軟であるような、最大の自由を享受できるようにすべきであろう。もしこの機関［放送委員会］が過剰な統制にしたがうようであるならば、実験と番組の複雑な問題の双方について、企業心と創意とを失わせることになるであろう。……それゆえ、放送委員会には、議会が許容する最大限の自由が付与されるべきである。」[49]

こうして報告書は、放送委員会が「一切の勢力に対して独立性があることが大切であり、従って議会が最終的な管理権を持つが、最大限の権限を議会は放送委員会に付与すべきで、行政的政策に関しては郵政長官［大臣］が広範な責任を議会に対して負うべきである」[50]としたのである。

クロフォード委員会（報告書）は、しかし、提案した勧告の内容が、将来にわたって固定されたものではなく、変更しうる柔軟性をもつものとも考えていた。すなわち、「一方では放送事業が電話事業のように国家の一部門になることが必要だと考えられることになるかもしれないし、他方ではその独占体としての性格が消失し、送信の諸権利が分割されることになるかもしれない。」そのためクロフォード委員会は、政府が「イギリス放送委員会設立案を破棄あるいは修正する」権限を保持すべきである、と勧告した。なお、放送委員会に付与される放送局免許の有効期間は最短一〇年で、その後も更新しうるものとした[51]。

⑤ イギリス放送協会 The British Broadcasting Corporation

新たな放送事業形態として、独占体としての公的法人を設立すべきである、というクロフォード委員会の勧告は、政府によって受けいれられ、郵政大臣ウィリアム・ミッチェル - トムソン卿 Sir William Mitchell-Thomson は、このことを一九二六年七月一四日の下院において表明した[52]。

ただし、その法人の名称は、クロフォード委員会が提案した「イギリス放送委員会」ではなく、「イギリス放送協会」The British Broadcasting Corporation（BBC）〔以下「放送協会」と略記〕であった。そして、この公的法人の法的裏付けは、クロフォード委員会の報告書にあったような成文法ないし会社法によるのではなく、クロフォード委員会に対する郵政事務次官の覚書にあったような勅許状という方法によることとされた。郵政大臣は、「会社法や特別の法令に基づく法人化ではなく、この方法を用いる理由が、新法人の独立性を強調することにある[53]」と述べた。

新たな放送事業計画の主要事項は、（a）勅許状に記載された事項、（b）郵政大臣が放送協会に交付する放送局免許状に記載された事項、（c）政府と協会との協定、その他の事項、から成っていた。

（a）まず、勅許状には法人の役員構成が記載されていた。すなわち、放送協会は任命制の五人の理事から構成され、任期五年で重任はさまたげず、そのほかに任命制の事務局長が選任される。なお、放送局免許の有効期間は一九二七年一月一日から一〇年間とし、その後も更新をさまたげない。

また、放送番組については、勅許状に、「現在起こっている出来事についてのニュースとそれに関連した情報を、世界各地から、適切と思われる方法で集めること。そのため、通信社を設立してそれに出資すること。[54]」と記載され、放送協会がニュースを積極的に収集することが定められた。

（b）つぎに、放送局免許状では、イギリス放送協会に対する郵政大臣の権限が記載されていた。すなわち、郵政大臣は放送局の設置場所、波長、出力、並びに放送時間を認可する権限を有しており、さらに、緊急の際には放送局を接収する権限も有していた。

また、放送番組について、大臣は、ふたつの方法で放送番組を統制する権限を有していた。まず第一に、大臣の権限によって、政府のある部門が協会に何らかの事項を放送することを要求したとき、協会はその要求にしたがわなければならないこと。第二に、大臣の権限によって、協会に対し、一定の放送事項を放送することを控えるよう要求できること[55]。この第二の点について、大臣は、「放送協会が放送を実施しはじめるとき、公的な政策にかかわる事項に関しても、政治的、経済的、宗教的論争にかかわる事項に関しても、協会に意見を放送しないよう指示した」と下院で述べた[56]。しかし、放送協会設立後ほどなくして、異論ある問題を放送禁止にする点は「試験的に」取り消され[57]、二度と強制されるということにはならなかった。

このように、放送協会は、政府の統制に対しては一定の規制を受けるものの、全体としては、クロフォード委員会報告にあるとおりの広範な自立性を有していた[58]。

なお、広告放送は、「会社」の場合と同様、原則として禁止されるが、スポンサー付き番組の放送は許容される、ということになっていた[59]。

放送事業の財源は、従来どおり、放送受信免許料という方法が継続されることになった。免許料の額は事実上一〇シリングのままとされ[60]、徴収された免許料から協会に分配される額の割合はつぎのようになっていた。すなわち、郵政省は、徴収した免許料総額から免許料の徴収費用と管理費用に充当するため一二・五％を控除し、控除後の残額のうち協会に分配される額の割合は、一定の基準に基づいて、その六〇％～九〇％であるとされた[61]。

（c）さらに、放送協会と郵政大臣との協定によって、「イギリス放送会社は、自分の持株分の処分と引きかえに、会社資産を放送協会に移譲することに同意した[62]。」放送事業が「会社」から協会へと移行することについて討議されるより前に、「会社」が下院議員に対して提出した覚書では、「会社」が公的法人へ移行するということが不可避であった、と述べられているように[63]、大きな抵抗もなく「会社」が協会への移行に同意したというのも自然の成り行きだった[64]。だから、「イギリスの放送自体に関していえば、会社を協会に置きかえることはさして難しいことではなかった[65]」のである。

しかし、「放送事業計画のもっとも重要な側面は、勅許状にも免許状にも、また「政府と協会との」協定にもみられないもので、放送協会が独占体である、ということ[66]」であった。このことは法的に担保されているわけではなかったが、郵政省の見解はこの点で一貫していた[67]。

ところでイギリスの場合、放送事業形態として、その収入を広告に依拠する「商業放送」形態はまったく念頭には置かれずに、受信料収入に依拠するイギリス放送協会という「公共放送」形態が選択されたが、それは、広大な植民地市場とくらべ、狭隘な国内市場（したがって狭隘な広告市場）というイギリスの市場構造のもとにおいては、市場拡張手段としての放送広告の必要性はとぼしく[68]、さらに、広告収入に多くをたよる新聞社などの反対もあり[69]、イギリスにおいては、放送事業形態として、その収入を広告に依拠する自立的な「商業放送」が、社会的分業の一分枝として成立する可能性はまったくなかったからである。

こうして「会社は次第に『その広告的な足場』をうしない、放送事業が「会社から」協会へ実際に移行したとき、その変化は、実際には実質的なものというよりは形式的なものへ、ということであった。そしてそのことは、放送事業を方向づける政策にいかなる変更をも示唆するものではなかった[70]」のである。

このような放送事業計画のもと、公的法人としてのイギリス放送協会は成立し[71]、一九二七年一月一日に発足した。

注——第二節第一項

（1）Coase, op. cit., p.32.

（2）Nature, May 5th, 1923.

（3）本書一六一頁。

（4）なお、これら以外に中小企業者が反対した問題として、「出資企業は……放送用受信機とその主要部品の……特許使用料を、その販売額に応じて『会社』に納付」しなければならないという「放送事業計画」における規定（本書一六一頁）があった。（The evidence to the Sykes Committee of representatives of the British Radio Manufacturers' and Traders' Association, on May 17th, and the representatives of the Electrical Importers' and Traders' Association, on May 29th, 1923.）。

（5）「この措置は、もちろん、自分で受信機を 組み立てることができる者は少ないだろう、と予期してのことであった。」Coase, op. cit., p.31.

（6）Coase, op. cit., p.31.

（7）本書一七七頁注（46）。

（8）The Report of the Broadcasting Committee（the Crawford Committee）, Appendix 3, 1925.

（9）Mr. F. J. Brown's Statement to the Sykes Committee, May 1st, 1923.

（10）当然、この点が「無免許の自家組立者」の増加した主な要因でもあった。

（11）Paragraph 20 of the Sykes Committee Report, 1923.

（12）Paragraph 62 of the Sykes Committee Report.

(13) Coase, op. cit., p.37.

(14) Paragraph 62 of the Sykes Committee Report.

(15)～(18) Paragraph 20 of the Sykes Committee Report.

(19)「特許使用料制度を放棄することは、総じて製造業者たちに歓迎されなかったわけではない。特許使用料の廃止はイギリス放送会社の収入を減少させたかもしれないが、それはまた、同様の額まで会社の社員［出資者］の利益を増加させることになるであろう。製造業者は価格を引き下げて売上げを増加させることができ、こうして彼らの利益は、事実上、会社に対する特許使用料の損失以上の大きな額まで増加するであろう。」(Coase, op. cit., p.37.)。

(20)～(21) Coase, op. cit., p.36.（傍点：引用者）。

(22) 郵政省が負担していた受信免許料の集金費用は、一免許につき二シリング六ペンスと見積もられ、その額が補填分として上乗せされたのである。(Paragraph 44 of the Sykes Committee Report)。

(23) Paragraphs 19 and 20 of the Sykes Committee Report.

(24)～(25) Paragraph 25 of the Sykes Committee Report.

(26) 委員会が放送局の国営案を拒否したことに対し、ロンドン労働党の執行委員会が、委員会に「放送は公共的に所有・統制されるべきだ。」という主張の覚書を提出したことは、当時と現在の状況を勘案してみたとき、きわめて興味深いことである。(The Wireless Weekly, May 30th, 1923)。

(27) Paragraph 32 of the Sykes Committee Report.

(28) Paragraphs 21 ~ 24 of the Sykes Committee Report.

(29)「会社」の社員数は、一九二三年五月に五六四社であったものが、供託金廃止などの影響もあって、一九二五年末には一、七一六社へと増加したが、そのうち七七社が受信機販売業者であった。(石坂、前掲論文、四七頁)。

(30) 実際には一九二四年一二月三一日より前の一九二四年七月一日に廃止された。(The Memorandum submitted by Mr. J. C. W. Reith to the Crawford Committee, p.12.)。

(31) Clause 2 of the Supplementary Agreement between the Postmaster-General and the British Broadcasting Company, Ltd., providing for the modification of the Licence of the 18th of January published in Parliamentary Paper Command No.1822 of 1923 (Cmd. 1976, 1923).

(32) The Radio Times, January 9th, 1925.

(33) Coase, op. cit., p.40.

(34) The Times, October 18th and 19th, 1923.

(35) 石坂、前掲論文、四九頁。

(36) Clause of 8 of the Supplementary Agreement.

(37) 石坂、前掲論文、四八頁。

(38) The Report of the Crawford Committee, Appendix 3 and the White Paper on Broadcasting Policy, Appendix 2（Cmd.6852, 1946）.

(39) Coase, op. cit., p.43.

(40) 本来であれば、このような問題を取りあつかうのは、サイクス委員会で提議された「放送問題調査会」に照応する郵政大臣の「諮問会議」であったはずだが、「同会議は、サイクス委員会報告で企図されたような重要な役割を演じたようには思えない。」といわれる。(Coase, op. cit., p.41.)。

(41) Coase, op. cit., p.55.

(42) Sir Evelyn Murray's memorandum to the Crawford Committee, 1925.

(43) ただし、「イギリス放送会社の役員会は、ラジオ販売による統制の継続確保を期待し、委員会に対していかなる陳述もしないと決め」（The Radio Times for March 12th, 1926）、「会社」としては委員会の審議に関与せず、静観することにした。

(44) The Report of the Crawford Committee, paragraph 4, 1926.

(45) The Report of the Crawford Committee, paragraph 5.

(46) このことは、サイクス委員会が、将来の放送組織の形態を検討して提議した、「放送問題調査会」の一二人の委員を各種関係団体等から選任するとしたこと（本書一八七頁）を否定したものといえる。
（47）The Report of the Crawford Committee, paragraph 8.
（48）この点については、郵政省も、「会社」が同意するであろうと考えていた。「受信機の販売が飽和点に近づくにつれ、製造業者の利益は事業経営において影が薄くなり、製造業者自身は、会社が新たな機関に置きかえられることには反対しないであろう。」（The Report of the Crawford Committee, paragraph 19 of the memorandum）。
（49）The Report of the Crawford Committee, paragraph 16.
（50）鳥居博『商業放送の理論と実際』［鳥居②］丸善出版、一九五三年、五頁。
（51）The Report of the Crawford Committee, paragraph 10.
（52）Parliamentary Debates, House of Commons, July 14th, 1926.
（53）Coase, op. cit., p.61.
（54）Clause 3 of the Royal Charter,（Cmd.2756, 1926.）
（55）Clause 4 of the Licence and Agreement,（Cmd.2756, 1926.）
（56）Parliamentary Debates, House of Commons, November 15th, 1926. なお、「イギリス放送会社の場合には、放送局免許状に、論争にかかわる事項を放送禁止にする点についての言及されていなかった。［しかし会社の場合］、放送は『郵政大臣が納得して満足するように』なされなければならなかった。だが、郵政大臣は、早くから異論のある問題を放送すべきではないと考えていることを示唆し、放送内容が論争にかかわる事項であるかどうかが不確かな場合、会社は承認をもとめて郵政省に多数の筋書きを提示した。」(Coase, op. cit., p.65.)。

(57) Parliamentary Debates, House of Commons, March 5th, 1926.

(58)「議会はBBCに対して広範な自立権を与え、又政府との関係についても郵政長官[大臣]は、協会の政策及び財務に関して可成り大きな責任を議会に対して負うことになっているが、それ故に協会は必ずしも常に大臣の指揮に従わなければならないのではない。政府の強力な指揮監督に服することは企業の創意を失うことであるから、業務の執行についても適切な範囲で協会が完全な自由を保つようになつている。」(鳥居②、六頁)。

(59) Clause 3 of the Licence and Agreement.

(60) この点は放送局免許状には明記されていなかった。

(61) Clause 18 of the Licence and Agreement.

(62) Coase, op. cit., p.61. Cmd.2755 (1926).

(63) Coase, op. cit., p.63.

(64)「放送事業の設立にイニシアティブをとった六大企業は、受信機製造での採算がとれず、相次いで生産を中止せざるをえなかった。……こうした事情から、『イギリス放送会社』

の二度目の免許期限の終了期には、大手株主は放送会社の運営継続に対し意欲も熱意もなく、関心は専ら過去四年間の投資に対する政府の補償に集中していた。」（石坂、前掲論文、五〇頁）。

（65）Coase, op. cit., p.63.

（66）Coase, op. cit., p.62.

（67）このことは、郵政大臣ウィリアム・ミッチェル-トムソン卿と政務次官ウォルマー卿 Lord Wolmer の下院における放送事業計画案の質疑で明らかである。（Parliamentary Debates, House of Commons, November 15th,1926.）。

（68）「イギリスでは、産業革命が広大な海外市場と広範な専門的仲介商業企業の媒体とに支えられて、小生産者的発展の過程を辿ったため、当然のことながら、産業企業はそれら仲介企業との取引関係を固定化し、自ら消費市場への直接的な市場活動に乗り出す機会を失ってしまった。」（中川敬一郎「米国における巨大企業の成立とマス・マーケティングの発達」（『経済学論集』三一巻三号［一九六五年一〇月］三七頁）。

（69）新聞社は、ただでさえ狭隘な広告市場が放送業によって侵蝕されることを警戒心していた。（Coase, op. cit., p.35.）。

（70）Coase, op. cit., p.63.

（71）「放送でこの［公的法人という］組織形態が一九二六年に適用されたという事実は、もっとも重要な点である。というのは、放送での公的法人の経験が、「イギリスにおいて」公企業を組織化するのに適した方法として一般に受けいれられるようになった主要な要因だからである。」(Coase, op. cit., pp.62-63.)。

第二項　アメリカにおける放送業の成立

①アメリカにおける放送業の成立過程

世界最初の放送業者は、アメリカにおいて、第一次世界大戦後における放送用受信機市場を拡張するための手段としてウエスチングハウス社によって産みだされたKDKA局(一九二〇年一一月放送開始)であり、これを契機として主要な電気通信資本もまた、つぎつぎと放送業に参入していった。

(a)ウエスチングハウス社

世界最初の放送業者としてKDKA局を誕生させたウエスチングハウス社Westinghouse Electric Corporationは、ついで一九二一年六月、ニュージャージー州ニューワーク市にWJZ局を開設した。

また、それにつづいてウエスチングハウス社は、一九二一年一二月、イリノイ州シカゴ市でKYW局を開設したが、この局を開設するにあたって、同社は、聴取者の関心をひくため、開設当日の番組に、当時人気のあった著名なソプラノ歌手でシカゴ歌劇場監督でもあったメリー・ガーデンMary Gardenを出演させた。その効あって、オペラ・シーズンが終了するまでのあいだに、シカゴ市だけでも、受信機数が一、三〇〇台弱から二〇、〇〇〇台にまで増加した、といわれるほどの反響を呼びおこした。(1)

さらにウエスチングハウス社は、オペラ・シーズン終了後におけるKYW局の聴取者対策として、未曽有の一二時間放送を実施し(2)、それが大きな反響を呼んだため、さらに可聴地域を拡大すべく、四五九フィートにもおよぶラジオ塔を建設した。

ところで、ウエスチングハウス社のKDKA局やWJZ局などの放送局は、放送用受信機製造業者である同社の補助的事業——市場拡張手段——として成り立つものである以上、それ自身社会的分業体系の一分枝として自立した一産業部門を形成しているとは言えなかった。(3)

(b) ジェネラル・エレクトリック社(GE)

「無線通信機器の大製造会社であり、且つラジオ放送の科学の進歩に多大の興味を有してゐたジエネラル電気会社は当然先駆的放送業務を開始すべきであつた。(4)」かくしてジェネラル・エレクトリック社General Electric Co.(GE)は、一九二二年二月、同社の本社所在地であるニューヨーク州スケネクタデイ市にWGY局を開設した。同局は一九二二年二月二〇日の夕方から放送を開始したが、その目的は「無線工学上の技術研究を主眼としたものであつて、……絶えず放送技術の新方式の改善に努力」[5]した。

ところで、GE社のWGY局は、放送用受信機製造業者である同社の補助的事業――市場拡張手段――として成り立つものである以上、ウエスチングハウス社の放送局同様、それ自身社会的分業体系の一分枝として自立した一産業部門を形成しているとは言えなかった。

（c）アメリカ電話電信会社（AT&T）

アメリカにおける電信電話事業の独占体であるアメリカ電話電信会社American Telephone and Telegraph Co.（AT&T）は、一九二二年五月一日に放送局免許を得て、ニューヨーク市にWBAY局を開設し、同時にAT&Tの子会社であるウエスタン・エレクトリック社Western Electric Co.も、同年六月一日に放送局免許を得て、同じくニューヨーク市にWEAF放送局を開設した。

ところが、一九二二年七月二五日から放送を開始したWBAY局は、発足当初からさまざまな技術的困難に直面し、その結果、AT&TはWBAY局の運用を断念し、ウエスタン・エレクトリック社のWEAF局の建設をまって、放送局の運用を同局に移行することにした。[6]

〈タイムセールズ〉

衆合通信mass communicationの手段である放送は、「放送無線電話」として、個別通信

individual communication の手段である「電話」の延長線上にある。

ところで、電話による通話、とりわけ市外通話の料金設定原則は、電話利用者が、電話施設の一部を一定時間占有することから生じるものである。そうであるなら、放送、すなわち「放送無線電話」の料金設定も、この「電話」と同じ原則にしたがう、と考えることができる。

こうして、「AT&Tは電話会社であるから市外通話の料金原則に基いて放送事業を経営することを考えた。即ち市外通話は三分間を一単位として料金を定め、遠隔の都市相互間で通話を行うための電話施設を時間売りするものである。この原則を放送に適用すれば、通話の様に個別通信（individual communication）の代りに衆合通信（mass communication）をする施設を時間売り（time sales）することになる。[7]」

そこからAT&Tは、「放送を特定者対不特定公衆間の市外電話業務であると宣言して、放送局を"toll station"〔市外電話交換局〕と呼び、[8]」子会社であるウエスタン・エレクトリック社が一九二二年六月一日にWEAF局の放送局免許を得た際、放送局を「市外通話の一通話三分間何ドルの制度に倣って、一分間何ドルという時間制料率で広く一般利用者に開放し……これがタイム・セールズtime salesといわれている現在の商業放送料金制度の祖型[9]」となった。さらに「この制度をAT&Tは電話特許権に基づくものであるとして、他の会社が模倣することを禁じたので、……その他の会社の放送局は、寄付又は他事業の経費を以て放送経費を賄わなければならなかった。[10]」

こうしてAT&Tは、WEAF局を梃子として、放送事業の覇者たることをめざしたが、AT&Tのこのような動向から、「ラジオ放送の先駆的開拓者であるウエスチングハウス電気会社と、ラジオ界に新に進出した米国電話電信会社［AT&T］との間には、遅かれ早かれ、何時かは摩擦を惹起することは避け難い様であつた。[11]」だが、ウエスチングハウス社が、新参とはいえ屈強なAT&Aに立ちむかうには、幾多の困難をともなった。[12]かくしてAT&Tは、「タイム・セールズの包括的権利を獲得して……初期の放送界に覇を唱えるに至つた[13]」のである。

〈広告放送〉

ところで、「衆合通信を利用して時間を買つて通信しようとする者は広い意味での広告主(sponsor)以外に無い[14]」ので、タイムセールズと広告放送とは表裏一体のものとなり、以後、広告放送という「この方法がアメリカの放送事業の将来の運命を決定することになつた……。[15]」

さて、世界最初の広告放送は、一九二二年八月二八日、AT&TのWEAF局によって行なわれたもので、その広告主はニューヨーク州ロングアイランド市のクイーンスボローという不動産業者であった。そして、その放送内容は、クイーンスボロー社の一社員が一〇分間、同社の事業について、広告の口上を述べるというものであった。[16]

この歴史的な広告放送は五日間にわたって行なわれたが、その反響もあって、その後九月二一日には、同局から、クイーンスボロー社、タイドウォーター石油会社、アメリカン・エキスプレス社という三社の広告放送が行なわれ、その放送時間は各々一一分、一〇分、一四分であった[17]。なお、当時の広告放送の内容は、ただ単に広告主の広告口上を述べるだけ、というものにすぎなかったが、その後、そうした放送の単調さを補うため、広告口上のあいだに音楽を挿入する方法が考えられ[18]、その放送時間も次第に長くなっていった[19]。

〈ネットワーク〉

AT&Tの市外電話交換局を介して電話回線が遠隔地の電話機相互間を接続して電話網（ネットワーク）を形成しているのと同様、toll stationを介して電話回線が遠隔地の放送局相互間を接続すれば放送網（ネットワーク）を形成できる。だが、そのことがAT&Tによってすぐさま着想され、実現に至ったというわけではなかった。

まず、アメリカにおいて最初に放送が開始されてほどなく、電話回線によって遠隔地の番組素材を音声として放送局に中継し、それを放送局から放送するという、いわゆる「実況放送」はすでに幾度か試みられていた[20]。だが、その試みは、放送現場と一放送局とを電話回線で接続しただけで、放送局相互間を接続したネットワークであるということはできなかった。

つぎに、一九二二年秋、AT&Tは前記の試みをさらにすすめ、シカゴで行なわれたサッカー試合の模様をニューヨークの放送局から実況放送するという約三〇〇kmの長距離中継放送を成功させた。しかしこの放送も、前記の「実況放送」同様、単に放送現場と一放送局とを接続した

ものにすぎなかったが、この試みは、これまでとは違って、放送ネットワークの実現を予感させるものであった。(21)

さらにAT&Tは、一九二三年一月四日、ニューヨークのWEAF局とシェパード商店が一九二二年秋にボストンで開設したWNAC局とを接続して中継放送を成功させた。(22) この放送の内容は、「ボストンのコプレイ・プラザ・ホテルで開かれたマサチューセッツ州銀行協会のパーティーの模様」(23)とネイザン・グランツのサキソフォーン演奏とをあわせた五分間の放送であった。(24) そしてこの放送は、これまでのような単に放送現場と一放送局とを接続したものではなく、二局間によって同一番組が同時に放送されるという、ネットワーク放送の嚆矢となるものであった。

この放送を契機として、AT&Tは「放送事業に市外電話の原則を適用する方針を更に一歩進め、恰も市外電話が市外回路網即ちネットワークにより遠隔都市間の通話を行つていると同様に、放送に於ても一都市の放送局と他都市の放送局を市外電話回線へ接続し、数個の都市から同一番組を同時放送すること」(25)に着眼した。すなわち、「既に米国電話電信会社の国内電話線網は独占に近いまでに発展してをり、其の全国的の電話網を放送に利用し得ることが可能であるならば、商業的放送企業の前途は米国電話電信会社に対して輝かしき反映を約束するかに思はれた」(26)のである。

こうしてAT&Tは、ネットワーク放送を実現すべく、それを阻んでいる技術的問題——とくに回線の改良——を克服すべく研究に乗りだした。[27] そして、その研究がある程度進展して一定の成果がみえはじめたので、「同社の技術者は新ケーブルの試験に好適した機会を窺つてゐた。折好く紐育市の全国電灯協会（National Electric Light Association）が六月初旬に会議を開催することとなつてゐたが、この機会に放送網試験の試験を行ふことが許可された」[28] ので、一九二三年六月七日、ＡＴ＆Ｔは、全国電灯協会主催の晩餐会の模様を、同社のＷＥＡＦ局（ニューヨーク市）を通じて、ＧＥ社のＷＧＹ局（ニューヨーク州スケネクタディ市）・ウエスチングハウス社のＫＤＫＡ局（ペンシルヴェニア州ピッツバーグ市）・ウエスチングハウス社のＫＹＷ放送局（イリノイ州シカゴ市）の各局から同時に放送した。ＡＴ＆ＴのＷＥＡＦ局を基幹放送局（キーステーション）としたこの同時放送は、それまでの放送現場と一放送局、あるいは二局間のネットワーク放送ではなく、全部で四局という多数局間のネットワーク放送であった、という点において画期的なものであった。

ところで、富豪にして「ラジオ狂」でもあったエドワード・グリーン大佐 Col. Edward Green は、一九二二年夏に放送局免許を受け、マサチューセッツ州サウス・ダートマスに私設放送局のＷＭＡＦ局を開設し、運用していた。だが、彼は「永い間、遠隔の地に在る放送局は放送する芸能者を得難いことを痛感してゐた」[29] ので、一九二三年六月、ニューヨークにあるＡＴ＆ＴのＷＥＡＦ局に対し、自己のＷＭＡＦ局とＷＥＡＦ局とを接続して、ＷＭＡＦ局ではＷＥＡＦ局の番組を放送し、同時にＷＥＡＦ局ではＷＭＡＦ局の番組を放送する、という二局間のネットワーク放送を提案した。しかし、「当時ＷＥＡＦ放送局の提供する放送中には広告放送番組が入つてゐたのであつて、サウス・ダートマスの地方へ広告放送を希望する広告主はゐなかつた。併しグリーン大佐は一切無料で「ＷＥＡＦ局の」広告放送の中継を行ひ、[30]」さらに、ＷＥＡＦ局のスポンサー（広告主）のついていない自主番組Sustaining Programについても、ＷＥＡＦ局に対して一定料金を支払うことを申し出た。こうして、地方の「風変わりな百万長者の出来心から[31]」この二局間のネットワーク放送が開始された。その放送時間は、平日は一六時から一七時三〇分までと一九時三〇分から二二時まで、日曜日は一五時三〇分から一七時一五分までと一九時一五分から二二時までであった。そして、このＷＥＡＦ局とＷＭＡＦ局との同時放送は、わずか二局間だけのネットワーク放送にすぎなかったが、その「同時放送は単なる試験放送でなく、従つて両局の接続線は永久的のもので……此の点に於て、米国に於ける放送網放送の中での真の開拓者であつたと云つて差支へない[32]」といわれ、このネットワーク放送が、これまでのように一時的なものではなく、継続的なものであったことが評価された[33]。

　さて、この年一九二三年に、ＡＴ＆Ｔはその子会社を通してWashington D.C.にＷＣＡＰ局を開設し、それ以降ＡＴ＆Ｔは、ＷＥＡＦとＷＣＡＰの二局をネットワーク放送の基幹放送局（キーステーション）とした。そしてその後、ＡＴ＆Ｔは一九二四年に、まず、東海岸の各局と西海岸のＫＰＯ局（San Francisco）とのあいだで同時放送を行なってアメリカ大陸横断の放送ネットワークを構築し、同年秋には、ＡＴ＆Ｔのネットワークを通じ、全米二三局からCoolidge

大統領の演説を同時放送して、「ネットワーク放送の社会的意義に一つのエポックを画した」(34)のであった。こうして一九二四年以降、AT&Tの放送ネットワークは急速に発展し、一九二五年末には同ネットワーク傘下の放送局数は二六局となった。

以上見てきたように、AT&Tは、電話・電信事業を本業とする情報搬送業者(=「物質的交通業者」)でありながら、副業である放送事業にタイムセールズ、広告放送、ネットワーク放送などの新機軸を導入するなど、先行するウエスチングハウス社やGE社とは異なり、限りなく専業に近い放送業者(=「精神的交通業者」)として立ち現われたのである。

(d) RCA社

RCA社Radio Corporation of Americaが本格的に放送業に進出したのは、他の先行諸企業——ウエスチングハウス社、GE社、AT&T社——より遅れ、一九二三年春のことであった。だがここで、それまでに至るRCA社の動向を見ておくことが必要である。

さてRCA社は、一九一九年一〇月一七日、GE社が中心となって、英国系のMarconi Wireless Telegraph Co. of Americaの資産(主として無線局)を買収してDelawareに設立されたものであり、したがって、当時における同社の基本的業務は国際無線通信であった。

その後RCA社は、一九二一年一〇月一日にWDY局(Aldene, N.J.)の放送局免許を得て試験放送を行なっていた。しかし、「WDY局の創設は拙速的に行はれ、放送の準備は不完全であつたにも拘らず放送を開始した」ので、「放送経費が急速に増加して来たことは苦痛であった。」すなわち、「RCAは単なる国際無線通信企業会社として出発し、ラジオ受信器の製造は副業的なものであった。而も其の対欧州通信及び極東通信は海底電信企業と競争すべく余りに弱体であった。斯かる情勢の下に於て、収益のない放送業務を継続することは、RCA……にとつては甚だ好ましからざるものであった[35]」のである。

かくしてRCA社は一九二二年二月にWDY局を閉鎖し、新たに、ウエスチングハウス社と協定をむすび、同社のWJZ局を共同経営することにした。そして翌一九二三年春、「ウエスチングハウス会社はWJZ放送局の維持費に巨額の損失を続けている際であったので、之を機会に放送業務を断念し[36]」、RCA社はウエスチングハウス社から無償でWJZ局を取得して、同局を単独経営することになり、ここにRCA社は本格的に放送業に進出することになったのである。

ところで、RCA社の筆頭株主はGE社であり、それ以外にウエスチングハウス社とAT&Tも主要株主であったが、まず一九二三年一月一八日にAT&TがRCA社の株を処分し、さらに同年、反トラスト法に触れてGE社とウエスチングハウス社もそれを手放すことになって、それ以降、RCA社には支配的な株主がいなくなり、RCA社の経営権は部内役員の手に帰するところとなった。さらにまたRCA社は、同年一二月、Washington D.C.にWRC局を開設し、運用を開始した。

こうして放送業に進出した「RCAの計画は非常に野心的のものであつて、WJZ放送局の他にWJY放送局を設置し、両放送局の放送所を同一建物、即ち「RCA社の放送所があるニューヨークの」エイオリアン・ホール内に設けた。WJZ放送局をチャンネルAとして……軽音楽及び軽い娯楽を主とした一般向番組を放送し、WJY放送局をチャンネルBとして……歌劇・古典音楽・講演等の知識階級向番組を放送する」[37]という、同一放送所を基盤とする二局（チャンネル）体制をとったのである。[38]なお、RCA社は、放送現場と放送局間の中継用接続線としてAT&Tの電話回線は使用できないので、ウエスタン・ユニオン電信会社Western Union Telegraph Co.の電信回線を使用することにした。[39]

かくしてRCA社は、一九二三年五月一五日にWJZ・WJY両局から放送を開始した。その放送開始当日、RCA社長ハボードは「本放送は紐育市のあらゆる部分から教育及び娯楽的のものを集合し之を数百万平方哩に放送するのであつて、云は丶世界最初の国民劇場である」[40]と宣言した。

だが、「紐育市を中心として米国無線会社（RCA）のWJZ及びWJY放送局と、米国電話電信会社（AT&T）のWEAFとは広告放送の取扱上、及び地域的関係上、相互に競争を展開する」[41]ことになった。

そこでRCA社は、一九二三年一二月、AT&Tのネットワークに対抗して、自社のWJZ局とGE社のWGY局とのあいだでRCAのネットワークを構築した。ただしそのさい、中継用接続線としてAT&Tの電話回線は使用できないので、ウエスタン・ユニオン電信会社の電信回線を使用した。だが、電話回線とくらべ、電信回線は伝送される音質が悪いなどの問題をかかえていたので、RCAのネットワークに加わる放送局は少なく、「AT&Tが［一九二四年秋］二三局のネットワークを通じてCoolidge大統領の放送をした時、RCAのネットワークは僅かに四局に過ぎなかった[42]」のである。

ところで、AT&Tは、本業である電話事業において反トラスト法関連の独占問題などをかかえ、副業である放送事業のほうでタイムセールズ関連の独占問題が生じると、それが翻って本業である電話事業の独占問題へと波及するおそれがあった。そのため「AT&Tは放送に於ても電話と同様の独占的支配権を握ることの不利を自覚し[43]」、一九二六年七月七日、RCA社・ウエスチングハウス社・GE社の三社で構成された"Radio Group"とのあいだで広範な調整協定を締結し、この協定の一部としてAT&Tは放送事業から撤退し、その施設をRCA社（Radio Group）に譲ることになった。かくして同年一一月、RCA社はAT&Tの全放送施設を一〇〇万ドルで買収したが、それ以降、RCA社はAT&Tの電話回線を使用できる（且つAT&Tの電話線を使用しなければならない）ことになった[44]。

さらに、RCA社（Radio Group）は、一九二六年九月九日、AT&Tの放送施設買収と平行し、放送ネットワーク事業を運営する子会社としてNBC National Broadcasting Co. を設立した[45]。そして、NBCは、RCA社系とAT&T系のふたつの放送ネットワークを運営することになり、RCA社系のネットワークを「青系」Blue network、AT&T系のネットワークを「赤系」Red networkと称して「両者を巧みに使いわけ、[46]」かくて「ＲＣＡは茲にネットワーク放送の覇者となつた[47]」のである。

このような、ＡＴ＆Ｔの放送事業からの撤退とＲＣＡ社によるＮＢＣの設立は、ＡＴ＆Ｔが「無線電話」を「放送無線電話」から切りはなした結果としてＮＢＣの「放送」が自立化したことを意味するが、それはまた、これまでの放送業が、ウエスチングハウス社やＧＥ社のような放送用受信機製造業者の補助的事業や、ＡＴ＆Ｔのような電話・電信事業を本業とする「物質的交通」業者の副業として成り立っていたのに対し、ＮＢＣの設立は、ここにおいてはじめて「精神的交通」業としての放送業が、それ自身社会的分業体系の一分枝として自立した一産業部門を形成したことを意味するものだ、ということができる。

（ｅ）ＣＢＳ社

さて、このようにしてアメリカにおける放送事業はＲＣＡ社（ＮＢＣネットワーク）の独占となるかのように思えたが、一九二七年一月二七日、ＲＣＡ社系以外の一六局が結束し、新しい放送ネットワーク会社としてＵＩＢ社United Independent Broadcasters, Inc.を設立し、再び競争状態に入ることになった。そして、このＵＩＢ社の番組提供をColumbia Phonograph Co., Inc.が引き受けることになったので、ＵＩＢ社は、その受け皿となる子会社として、一九二七年四月五日、Columbia Phonograph Broadcasting System, Inc.を設立し、九月二五日に運用を開始した。しかし、「この会社は料金体系の樹て方を誤ったため莫大な損失を被り[48]」、はやくも同年（一九二七年）中に運用を停止してしまった。そこでＵＩＢ社は自らネットワーク運営を行なうことにして、上記Columbia Phonograph Broadcasting Systemの全株式を買収し、ＵＩＢの社名もColumbia Broadcasting System（ＣＢＳ）に変更して再出発したのである[49]。

こうして、ＮＢＣとＣＢＳは、その後ＡＢＣ American Broadcasting Companyが台頭するまで、アメリカにおける巨大放送ネットワークとして君臨することになったのであり、その点からみれば、ＮＢＣとＣＢＳの成立は、まさに現在のアメリカにおける放送業の出発点となったのである。

（f）一九二七年無線法

これまで見てきたアメリカにおける放送業の動向では、多くの放送局がＮＢＣとＣＢＳのふたつのネットワークに収斂されていったかのように思われるが、そうではなく、むしろ、当時のアメリカにはじつに多くの放送局が存在し、そのような状況に対して、政府は何らかの対策を講じなければならなかった。

すなわち、「局数では、一九二三年に既に乱立して六六〇に達し、このため一般無線通信業務に混乱を生じたので、時の商務長官Hoober氏（のちの大統領）は既存の無線局に妨害となる惧れのある無線局は許可しない方針にした。このため他方では収入源の不安定から廃局するものが生じ新規の許可は得難かつたので、翌一九二四年には五四〇に減少したのである。[50]」

ところが、アメリカ政府のこのような対策に対し、「一九二六年に至つて或る連邦地方裁判所が『一九一二年の無線通信法』は商務長官に周波数、電力又は運用時間を定める権限を与えていないから商務長官のこの様な統制は越権行為であると判定した。[51] そして政府は、この判定に従つて放送局の統制を放棄してしまつたので一九二六年には再び急増して七二〇に達した[52]」という事態をまねくことになった。このことは、アメリカの放送業を規制する当時の根拠法規である「一九一二年に発令された無線電信取締規則を以てしては、急激な発展を示しつゝあるラジオ放送の複雑な状態に適応せしめるには余に無力であつた[53]」ということを意味していた。[54]

ところで、乱立したこれら多くの放送局は、混信による電波妨害を引きおこしただけでなく、公益を無視した過剰な「商業主義」的運営を行なっていたため、このような状況に対して、アメリカ政府は、またもや新たな対策を講じなければならなくなった。こうして、一九二七年六月、「一九二七年無線法」The Radio Act of 1927[55]が成立し、これが、アメリカにおけるその後の放送業を規制する根拠法規となった。そして同法は、「『連邦無線委員会』（The Federal Radio Commission［ＦＲＣ］）を設置し、之に免許の発行及び取消並に無線施設の規整の仕事を合議制に依つて行う権限を与えたもので、運輸や有線通信と同様に無線に於ても規整事務は委員会制で行われることとなつた[56]」のである。

なお、「この委員会は一年間存続し、その後はその一切の権限は商務長官に移管されること

（Sec.5）になっていて、委員会制に余り自信がなかったのであるが、実施した結果は委員会が非常に有効に働いたので、数次に亘ってその存続期間が延長され、一九三四年の通信法によって『連邦通信委員会〔ＦＣＣ〕』に発展的解消をする迄、委員会制の確立に貢献した[57]」のである。そして、「同委員会〔ＦＲＣ〕の努力により、アメリカの放送は商業放送から収入を得るが、放送業務（broadcasting service）そのものは『公益福祉』（public interest convenience and necessity）のための利器であるとの原則が確立され[58]」て、放送の「自由」と「公共性」との調和をはかり、また、イギリスでは「独占機関であるＢＢＣを公共企業体とし、一党派又は特定勢力が之を支配することを排除してきた」のに対し、「アメリカでは数個のネット・ワークの競争とネット・ワークに対する地方局の自由を主張して放送の独占化を徹底的に防止し、自由競争主義の上に最も民主的な放送制度を確立した[59]」とも言われているのである。

②アメリカにおける放送業の成立基盤

イギリスにおける放送業は、その財源を受信料収入に依拠するイギリス放送協会ＢＢＣという公共放送として成立したが、アメリカにおける放送業は、広告収入に依拠する商業放送として成立した。それゆえ、まず問われるべきは、アメリカにおいてなぜ商業放送が可能であったのか、言いかえれば、アメリカの放送業がなぜその財源を広告収入に依拠することが可能であったのか、ということである。

ところで、アメリカの放送業がその財源を広告収入に依拠することが可能であるためには、アメリカにおいて広告需要（市場）がなければならないが、さらに問われるべきは、アメリカにおいてなぜ広告需要が生じ、発展していったのか、ということである。

さて、広告需要が生じれば、その需要は広告活動によって充足され、広告活動は、いわゆる「マーケティング」の一環としてあらわれる。そこで、つぎに問われるべきは、アメリカにおいていかにしてマーケティングが成立し、発展していったのか、そしてさらには、そのようなアメリカにおけるマーケティングの発展が、いかにしてその財源を広告収入に依拠する商業放送を成立させ、発展させることへとつながっていったのか、ということである。

（a）マーケティングの発展と商業放送

「製造業の積極的販売方法であるマーケティングは、……一九世紀末期におけるアメリカ資本主義の独占段階への発展とともに、歴史的に発生するようになった。[60]」そして、「一九〇四年頃から一三年頃までの二〇世紀初期になって独占段階が確立するにつれ、企業がさらに大規模化され生産の機械化がいっそう進められて、諸製品が量産化されるようになって……計画的マーケティングが次第に形成され……るようになった[61]」のである。

ついで、「第一次大戦中［一九一四〜一八年］から戦争直後にかけて、膨張した海外需要に応じるため、アメリカ経済の生産力は驚異的に高まったが、その結果需要の減退とともに激しい恐慌に見舞われた。この一九二〇〜二二年の恐慌から脱出するために独占資本がとった政策は産業合理化であった。産業合理化は政府が音頭を取った『産業における無駄の排除』運動からはじまり、流れ作業による大量生産となって結実する。[62]」そして、この「産業合理化運動によって、工業生産量は二一年から二九年の間に八〇％も増加し、国民所得も同じ期間に六四％近く増加した。……しかるに、この時代における労働生産性の上昇は、生産的労働者の雇用を絶対的に減少させている。……この期間には、失業者は一ヵ年平均一二〇万前後を数え、しかもそれが年とともに増加していく傾向をもち、それとともに労働者に対する支払賃金も減少するようになった[63]」のである。

このような生産と消費との矛盾、すなわち過剰生産と狭隘な市場との矛盾を克服するため、独占資本はマーケティングによってこれを回避しようとつとめ[64]、ここに、独占資本間におけるマーケティング競争は一段と激しさを増すことになった。すなわち、狭隘な市場（限られた購買力）に対して、規格化された大量の商品を売りさばくため、マーケティングが高圧的形態をとるようになったのである。[65]そして、マーケティングのこのような高圧的形態が「高圧的マーケティング」とよばれるもので、それは、規格化された大量の商品を狭隘な市場で売りさばくため、ｉ高圧的広告、ⅱ高圧的販売、ⅲ高圧的信用供与という手段を用いるマーケティングのことである。[66]

このうち、ｉの「高圧的広告」の象徴ともいえるものが、この時期一九二〇年代に台頭したラジオ広告であった。すなわち、「この時期の広告の発達を代表したものの一つは、ラジオ広告であった。二〇年代におけるラジオの登場と、その加速度的普及は、この時代の高圧的広告の展開と深く結びついている」[67]のである。こうして、その財源を受信料収入に依拠するイギリスの公共放送とは対照的に、アメリカにおけるマーケティングの発展が、その財源を広告収入に依拠する商業放送を成立させ、発展させることへとつながっていったのである。[68]

（b）全国的広告と放送ネットワーク

さて、独占資本は、このように、狭隘な市場に対して規格化された大量の商品を売りさばくために高圧的マーケティングを行なったのであるが、大量の商品を売りさばくには、さらに広大な市場を開拓しなければならなかった。そのため、独占資本は全国的市場の開拓を志向して、それに相応する販売と広告方法をとることが必要であった。[69]すなわち、「これまでの時期では、マーケティングの主力は、小売商人と若干のセールスマンと地方広告にすぎなかったが、しかし、これだけでは量産と量販のための全国的市場の開拓は不可能であり、ここに、全国的広告が一般化するようになった」[70]のである。

そして、このような全国的広告の必要性と一般化とが、アメリカにおける全国的な放送ネットワークの形成を促進したのである。[71]

注――第二節第二項

（1）岡、前掲書、六四頁。

（2）この一二時間放送の概要はつぎのようなものであった。「放送は午前九時二五分にシカゴ商業局の市場報告を以て開始され……続いて雑穀及び家畜の市場報告が行はれた。午後七時一五分は……児童向の番組が放送され……之が終つてから夜の放送番組に移つた。」（岡、前掲書、六四～六五頁）。

（3）「放送領域の開拓者、ウエスチングハウス会社は製造会社であり、……同社のＫＤＫＡ局及びＷＪＺ局の放送経費はラジオ受信器の販売で捻出することが出来た……。」（岡、前掲書、四七頁）。

（4）岡、前掲書、五六頁。

（5）岡、前掲書、五六～五七頁。

（6）「七月二五日四時三〇分からＷＢＡＹ放送局は放送を開始したのであるが、成績は極めて悪く、……七月二八日にＷＢＡＹ放送局は激しい静電気の影響を受けて、放送を停止するに至つた。……八月七日に紐育を襲つた大雷雨は、ＷＢＡＹ放送局に三箇の電撃を与へ、其の内の二箇は放送塔を直撃した。斯くしてウエスト街四六三番地に建設中のＷＥＡＦ放送局が竣成次第、ＷＢＡＹ放送局を廃止して再出発することになつた。」（岡、前掲書、六一～六二頁）。

(7) 鳥居②、一六頁。

(8)〜(10) 鳥居②、七八頁。

(11) 岡、前掲書、六七頁。

(12) そのようなウエスチングハウス社の困難には、たとえばつぎのような例があった。「一九二二年秋の世界野球争覇戦の実況放送はウエスチングハウス系のWJZ放送局に依つて行はれることになつた。之に要する接続線は米国電話電信会社系の紐育電話会社の電話線を使用する積りでいた。同年の初夏に放送局は紐育フイルハーモニック管弦楽団(NEW York Philharmonic Orchestra)の演奏を紐育のレウイゾーン競技場(Lewisohn Stadium)から放送する際に紐育電話会社の電話線を借用したことがあつたので、今回も借用出来ると考えていたと思われる。然るに八月二八日から米国電話電信会社はWEAF放送局を開設した事情から察するに、世界野球争覇戦の実況放送に必要とする電話中継線の貸与を拒絶するの挙に出たものであらう。斯くしてWJZ放送局はウエスタン・ユニオン電信会社に交渉して同社の電信線を借用して世界野球争覇戦の実況放送を行つた。」(岡、前掲書、六七〜六八頁)。

(13) 鳥居②、一六頁。

(14) 鳥居①、二〇一〜二〇二頁。

(15) 鳥居①、一八〇頁。

(16) その要旨はつぎのようなものであった。「米国の偉大な小説家ナザニール・ホーソン(Nathaniel Hawthorne)の没後五八年になるが、彼の追憶の為にクイーンスボロー会社はホーソン・コートと名づけた高級アパートメントを静寂な環境を背景として作つたから之を希望者の申込に応じる。紐育の雑踏した不潔の空気から逃れて此の別天地に住むことは健康上からも理想的であり、地下鉄を利用すれば、僅か二〇分で紐育の商業中心地に達することが出来るから便利である。」(岡、前掲書、六六頁)。

(17) 岡、前掲書、六七頁。

(18) 「WEAF放送局の放送記録上に示されている所に従へば、一九二三年三月一日紐育のギムベル兄弟商会(Gimbel Brothers)が商業的音楽放送番組を創始したことを示している。」(岡、前掲書、七二頁)。

(19) 「一九二三年三月一五日は広告放送沿革史に特筆すべき日であつた。即ち従来の広告放送の時間は夕刻五時前後に開始され、而も其の放送時間は一五分内外であつたが、此の日はギムベル兄弟商会は初めて午後九時から一〇時までの長時間広告放送を行つたのである。……以後の広告放送番組の内容は独奏又は独唱及びダンス音楽が交互に編成され、長時間放送(三〇分乃至一時間)も次第に多く現はれるに至つた。」(岡、前掲書、七二、七四頁)。

(20) たとえばつぎの例がある。「KDKA放送局当事者は教会の日曜礼拝を現場放送(pick-up service)することを計画し……一九二一年一月二日の日曜日にカルヴァリ監督教会の儀式の実況放送を行つた。なお、同教会とＫＤＫＡ局とは電線を以て接続した。」（岡、前掲書、四一頁）。

(21)「一九二二年の秋、ラジオ放送発達史上一転期を画する出来事が起つた。すなわち米国電話電信会社の技師が同社の長距離電話線をラジオに接続する試験を行つたことである。シカゴに於て行はれた蹴球試合を紐育で放送する為に、蹴球場に特別の放送機と増幅器を据付けて、蹴球試合の経過と観衆の叫喚をシカゴの電話会社の電話局に接続された電話ケーブル回路に送つた。此の回路は長距離電話線を以て紐育市に接続し、紐育側ではパーク・ロー（Park Row）に受信器を取付けたトラックを置いて公衆にシカゴの蹴球試合の実況を聞かせたのである。此の実験は後に至つて実現された連鎖放送（Chain broadcasting）又は放送網放送（Network Broadcasting）の確実性を示したものである。」（岡、前掲書、七〇頁）。

(22)「ジヨン・シエパード（John Shepard）……はＷＮＡＣ放送局を以てシエパード商店の宣伝機関とする考えであつた。シエパードは米国電話電信会社の首脳部と合議の上、同社の紐育のＷＥＡＦ放送局の番組をボストンのＷＮＡＣ放送局へ接続することとなつた。斯くしてＷＥＡＦ・ＷＮＡＣ放送局の接続が行はれたのである……。」（岡、前掲書、七〇〜七一頁）。

(23) 水越伸『メディアの生成』同文舘出版、一九九三年、一一六頁。

(24) 岡、前掲書、七一頁。

(25) 鳥居②、一七頁。
(26) 岡、前掲書、七一頁。
(27)「米国電話電信会社の技術部……は……此の時の体験に依つて……通常の電話業務の場合の如き言語の伝送と電線上の音楽の伝送との間に多大の差異があることを知つたので、後者の目的の為には特殊の装置を有する回路を使用すべきことが判つた。……斯くして同社の首脳部は、WEAF・WNAC放送局の接続同時放送の試験を担任した技術者をして、電話ケーブルの利用に就て先進研究する様に命じたのである。」（岡、前掲書七一頁）。だがその研究もたやすく達成されるというわけにはいかず、「一九二三年の七月に至つても未だ同一番組を同時放送する為の接続方式は確固たる勝算がなかつた」（岡、前掲書、九二頁）とも言われる。
(28) 岡、前掲書、九三〜九四頁。
(29)〜(31) 岡、前掲書、九四頁。
(32) 岡、前掲書、九五頁。
(33) ただし「継続的」とはいえ、その同時放送の継続期間は三カ月であったといわれる。（鳥居①、一八一頁）。
(34) 鳥居②、一七〜一八頁。
(35) 岡、前掲書、四七頁。

（36）（37）岡、前掲書、八五頁。
（38）なお、「RCAがWJZ及びWJY放送局の経営に就いて、広告放送、即ち広告主に放送時間を提供して、番組経費を徴収する方法を採用したのは云ふまでもない。」（岡、前掲書、八六頁）。
（39）（40）岡、前掲書、八五頁。
（41）岡、前掲書、八六頁。
（42）（43）鳥居②、一八頁。
（44）鳥居①、一八四〜一八五頁。
（45）当初、NBCの持株はRCA社とGE社とウエスチングハウス社が50：30：20の比率で所有したが、一九三〇年五月二七日、RCA社は、他の二社の全持株を買収してNBC社を完全子会社化した。
（46）鳥居①、一八五頁。
（47）鳥居②、一八〜一九頁。
（48）鳥居②、一九頁。
（49）なお、CBS社は、のちに、同社への番組提供をしていたColumbia Phonograph Co.も、その傘下におさめることになった。
（50）鳥居②、一二一〜一二三頁。

(51) この裁判所の「判定」において、とくに商務長官の越権行為とされた指定外の周波数の使用、いわゆるwave jumpingが禁止された。

(52) 鳥居②、二三頁。なお、この年(一九二六年)の半年間だけでも二〇〇局が増加したといわれる。(Report of Standing Committee on Radio Law (1925) 54 A.B.A. Rep.404,442)

(53) 岡、前掲書、五一頁。

(54) この「無線電信取締規則」、すなわち「一九一二年無線通信法」The Radio Act of 1912については、本書一三五~一三六頁注(3)、一四二頁注(16)参照。

(55) Public Law No.632, 63th Cong. February 23, 1927, 44 stat. 1162.

(56) 鳥居①、一〇頁。

(57) 鳥居①、一〇~一一頁。

(58) 鳥居②、一五~一六頁。

(59) 鳥居①、二〇〇~二〇一頁。

(60) 白髭武『アメリカマーケティング発達史』実教出版、一九七八年、一〇九~一一〇頁。なお、マーケティングと独占資本主義との関係については、つぎの指摘が重要である。「資本の集中、独占の形成による生産力の増大と、国内市場の狭隘化との深まりゆく矛盾は、資本の関心を市場の問題へとひきつけずにはおかない。そしてこの市場の問題の解決を志向する独占資本の対処こそマーケティングの諸活動にほかならなかったのである。ここにマーケティングが独占資本主義の落し子であるといわれる所以がある。」（森下二次也「Managerial Marketing の現代的性格について」『経営研究』第四〇号〔一九五九年二月〕六頁）。

(61) 白髭、前掲書、一一〇頁。

(62) 上岡正行「広告制作と人的販売政策」森下二次也監修『マーケティング経済論（下巻）』ミネルヴァ書房、一九七三年、一六五〜一六六頁。

(63) 白髭、前掲書、一八三〜一八四頁。

(64)「独占資本主義が発展するにつれて、……供給を削減する代わりに、需要を刺激することを目指す……。」（バラン＝スウィージー、前掲訳書、一三六頁）。

(65)「Mass production には当然 Mass selling が対応しなければならない。ところが、Mass production による商品は消費者の欲望をある程度ぎせいにして simplify された商品である。しかも他方において Mass production は自己の市場を狭隘化する側面をもっている。……このように狭隘化された市場に、少品種の規格化された大量の商品が販売されなければならない。当然の結果として High pressure marketing が要請されることとなる。」（森下、前掲論文、一六頁）。

(66) 森下、前掲論文、一七頁参照。なお、ii高圧的販売とiii高圧的信用供与とは、「割賦販売」によって典型的に結びつけられる。すなわち、「割賦販売の積極化による高圧的信用供与は、将来の購買力を人為的に現在に発現させることによって、狭隘な現在市場の擬制的拡大を図るもの」（白髭、前掲書、一九六頁）なのである。
(67) 白髭、前掲書、二〇六～二〇七頁。
(68) イギリスにおける公共放送の成立とアメリカにおける商業放送の成立という対照性が生じた基盤については、つぎの記述も参照のこと。……「ヨーロッパには産業革命によって近代的工業生産力が確立したあとで、米国におけるような国内市場の急速な拡大に恵まれた国は何処にもない。米・英両国の産業企業における市場活動の差違も、やはり基本的にはそうした市場機会の大きさの差にもとづくものとみなければならないであろう。」（中川、前掲論文三六頁）。したがって、「［アメリカの］産業企業にとっては「イギリスにおけるような」既成の取引関係や市場組織よりも、むしろ刻々に拡大していく市場についての鋭い感覚とそれへの機敏な直接的対応のみが市場の保証であった」（中川、前掲論文、三七頁）のであり、それゆえ、「マーケティングはアメリカ合衆国において問題とされ、……アメリカ合衆国をほとんど唯一の基盤として独自の展開を示すようになった」（荒川祐吉『現代配給理論』千倉書房、一九六〇年、一三頁）のである。
(69) この場合の全国的市場と、それに相応する販売と広告方法の対象には、都市のみならず農村も含まれている。すなわち、「積極的な広告は、米国産業企業の早くからの特色であり、……潜在的顧客が広い地域に拡散している米国の農村社会では、広告による以外新商品についての知識を顧客に提供し、需要を生み出すことはできない」（中川、前掲論文、二三頁）からである。

(70) 白髭、前掲書、一一〇頁。

(71) アメリカにおける全国的な放送「ネットワーク」、すなわち「チェーン」の形成を促進した背景には、つぎのような事情も考慮すべきであろう。……「百貨店、通信販売店連鎖店など、いわゆる大規模小売商はすでに一九二〇年までに相当高度な発展を示している。しかしそのなかで、連鎖店は以後一〇年間にさらに顕著な発展をとげる。すなわち一九一八年の連鎖店店舗数二九、二〇〇店は、一九二八年には八七、八〇〇店に増加している。一九一八—一九二九年がChain store eraとよばれる所以である。」（森下、前掲論文、一九頁）。

初出一覧

第Ⅰ部

第一章　「コミュニケーションの生成と精神的交通」『国家論研究』二一号、一九八三年。
前記改定論文「精神的交通論序説―コミュニケーションの生成と発展に関する基礎理論―」慶應義塾大学法学部編『慶應義塾創立一五〇年記念論文集・慶應の政治学　政治・社会』慶応義塾大学法学部、二〇〇八年。

第二章　書き下ろし。

第Ⅱ部

第一章　「わが国における『情報処理産業』の生成と展開」『レファレンス』第二九八号（一九七五年一一月）。

第二章　第一節　「放送業の出現過程」『レファレンス』第三四七号（一九七九年一二月）。
第二節　書き下ろし。

あとがき

本書は標題のとおり、コミュニケーション経済史の「方法」と「展開」について論じたものである。

コミュニケーションの歴史に関し、その概観や社会史について論じた本はあるが、経済史について論じた本はない。したがって本書は、これまで論じられてこなかったコミュニケーションの「経済史」についてはじめて書かれたものである、といって差し支えないだろう。

本書の第Ⅰ部では、コミュニケーション経済史がどのような「方法」によって為すことができるのか、ということについて論じているが、その視点の根源はマルクスに依拠している。

本書の第Ⅱ部では、その冒頭で述べたように、第Ⅰ部で提示されたコミュニケーション経済史の「方法」に基づき、コミュニケーション経済史の「展開」として「情報通信業」と「放送業」のふたつの業種を取りあげ、これらふたつの業種の歴史を事例として検討することにより、他のコミュニケーション関連諸業種の歴史をも検討する際の展望を与えることを企図している。

本書が、コミュニケーションの歴史について、新たな分野を切り拓く契機となることを期待したい。

【著者略歴】
八川敏昭（やがわ・としあき）

1943年　東京生まれ
1966年　慶應義塾大学法学部政治学科卒業
2003年　国立国会図書館（調査立法考査局）退職
1995年〜2019年
　共立女子短期大学非常勤講師（情報メディア論）
　東京富士大学非常勤講師（国際情勢論）
現　在　情報メディア研究所代表
主要著書　『メディアの重層―口頭メディアと文字メディア―』情報メディア研究所、2009年
　『信書の秘密―神話と聖書とコミュニケーション』論創社、2015年

コミュニケーション経済史の方法と展開

2024年11月10日　初版第1刷印刷
2024年11月20日　初版第1刷発行

著　者　八川敏昭
発行者　森下紀夫
発行所　論 創 社
東京都千代田区神田神保町2-23　北井ビル
tel. 03（3264）5254　fax. 03（3264）5232　web. https://ronso.co.jp
振替口座　00160-1-155266
装幀／菅原和男
印刷・製本／中央精版印刷　組版／フレックスアート
ISBN978-4-8460-2478-9　